写真アルバム

五島列島の昭和

色彩の記憶

――カラー写真でたどる郷土の昭和

▲**旧福江市街地を空撮①**　北東から福江港、市街地を望む。右手、埋立て前の戸楽の浜の奥に福江中学校の校庭が白く見え、左に目を移すと、福江川、福江市役所、福江教会の尖塔、福江小学校、五島高校と続く。〈五島市・昭和53年頃・提供＝中村九永氏〉

◀旧福江市街地を空撮②　前ページの写真とは反対に南西からの撮影。福江川の蛇行する旧市街地越しに蠑螺《さざえ》島を遠望する。花崗岩の無人島は、福江港から4キロほど沖合に屏風のように浮かび、天然の防波堤となっている。〈五島市・昭和53年頃・提供＝中村九永氏〉

▶福江港の柏丸　長崎と福江間を結ぶ「柏丸」がバックで離岸し、色とりどりのテープが宙に舞う。直行なら102キロの航路を3時間50分。当時「金のたまご」と呼ばれた中学卒業生が集団就職のために乗船すると、岸壁は見送りの人たちで埋め尽くされた。〈五島市・昭和40年頃・提供＝平野洋三氏〉

◀福江の街を行く仮装行列
〈五島市福江町・昭和40年代後半・提供＝民宿鶯美屋〉

▶奥浦・堂崎天主堂前の畑で麦の収穫　明治6年にキリシタン禁令が解かれると同12年のマルマン神父が建てた木造の聖堂に次ぎ、41年、ペルー神父が赤レンガでゴシック様式の天主堂を完成させた。長崎・西坂で処刑された26聖人のひとり・五島出身の聖ヨハネ五島を顕彰して「日本26聖人殉教者聖堂」と命名された。〈五島市奥浦町堂崎・昭和47年・提供＝中村九永氏〉

◀福江空港　右から2人目の提供者が、勤務地から飛行機で帰省した際の一枚。弟や娘、息子など親族に迎えられてパチリ。空港ビルの前にはバスやタクシー乗り場があり、見送りや出迎えの人たちで賑やかである。昭和38年、鬼岳裾野に広がる耕地を拓いて開港、現在の愛称は「五島つばき空港」である。〈五島市上大津町・昭和45年・提供＝平山義郎氏〉

▶福江港近くのサーフショップとカフェ　場所は現在の「ドラッグストアモリ五島福江店」の北あたり。サーフボードやウィンドサーフィンの機材をレンタルし、カフェ、レストランもあるアイランドファミリーが開店した。五島で初めてのサーフィン専門店であった。〈五島市東浜町・昭和63年・提供＝片山圭弘氏〉

◀**福江市の大雪の日**　時に2月や3月の雪景色に驚くこともあるが、昔ほどではない。〈五島市松山町・昭和46年・提供＝浦道陽子氏〉

▶**上崎山の小雪舞う吉日**　鯛と角樽持ちが先導し、花嫁に手を添えた仲人ら祝いの一行が、小雪の中披露宴の会場に向かう。〈五島市上崎山町・昭和53年・提供＝中村九永氏〉

◀**奥浦の間伏《まぶし》海岸に仲間と**　半泊海岸から細い道を北上してたどり着いた間伏の浜で記念撮影。集落の東側の入江で、若者たちの背後は久賀《ひさか》島が水平線に横たわるが、霞んで見えにくい。〈五島市戸岐町・昭和53年・提供＝河原幸也氏〉

▶ウミトサカやイソバナが群生する福江海中公園　福江港より、東北に3.5キロ沖合の竹の子島と、さらに0.5キロ離れた屋根尾島北側に広がる11.2ヘクタールの海域。昭和47年10月に若松海中公園とともに環境庁（当時）の指定を受けた。海水の透明度が高く現在も、グラスボートで遊覧できる。〈五島市・昭和46年頃・提供＝中村九永氏〉

◀鬼岳を離陸するハンググライダー　金属パイプの骨組みに帆布を張ったハンググライダーは、動力を使わず、上昇気流に乗って滑空する。五島の空を初めて飛んだのは、昭和48年11月のことで、米国製の機体の公開飛行と講習会が鬼岳であった。写真は翌年の春、旧福江市内の若者5人による「五島ハンググライダークラブ」が、純国産機2機を購入してフライトを楽しんだ際のもの。この後、機体が磨耗、破損するまでの3年間、福江の市街地上空、沖合の島などを楽しんだという。〈五島市上大津町・昭和49年・提供＝中村九永氏〉

▶飛べ、愛好家手作りのジャンボ・バラモン凧
昭和50年から、県と福江市、同観光協会主催で5月の第一日曜、鬼岳で凧揚げが催された。芝生に覆われた標高315メートルの山は、家族連れや職場のグループ、観光客で賑わった。現在も、草スキーやクラフト教室、五島高校吹奏楽部の演奏が「こども自然公園大会」として続いている。〈五島市上崎山町～上大津町・昭和55年頃・提供＝中村九永氏〉

◀盆の念仏踊り・チャンココ

和紙と布で飾りつけた独特の傘をかぶって腰ミノを付け、肩から下げた太鼓を打ち、鉦の音に合せて踊る。盆の8月13、14日は地区内を巡り、15日夕方には墓地に訪れる。上大津、下大津両地区（県指定無形民俗文化財）のほか崎山、大浜、本山などでも青年団が受け継いでいる。同じ形態の念仏踊り、玉ノ浦のカケ、富江ではオネオンデ。三井楽・嵯峨ノ島ではオーモンデの名称で継承され、初盆の家や墓地を訪れ、故人や先祖の霊を供養する。〈五島市下大津町・昭和58年頃・提供＝中村九永氏〉

▶福江長手《ながて》の厄払い　長手地区に古くから伝わる行事。1月23日、数え年で男性25と42歳は紋付き袴姿、女性33歳は丸まげに留袖姿で長手神社に参拝、続いて地蔵堂で地区の人たちに報告した。かつては結婚式を簡素にし、厄払いの行事のあと自宅に親戚、縁者を招待し宴を催した。〈五島市長手町・昭和57年・提供＝中村九永氏〉

◀富江町の黒瀬〈五島市富江町・昭和61年・提供＝民宿鷺美屋〉

▲海水浴客で賑わう田尾海岸　広々とした浜と青い海。昔は大海水浴場として町民に親しまれ、賑わった。砂浜には美しいピンクの桜貝や名も知らぬ珍しい貝殻などが落ちており、砂の中から拾い集めて楽しんだ。いつしか利用する人もいなくなり、静かな海になったが時々、ハマグリを掘りにくる人も見られる。〈五島市富江町富江・昭和 40 年代・提供＝古本七朗氏〉

▲小島でマボラの真子《マコ》（卵巣）出し作業　ボラの真子 300 ～ 400 グラムを丁寧に取り出す。10 月 10 日から 1 ヶ月が漁の期間。富江沖合で捕れた外洋性マボラのマコを塩漬けしたあと、塩抜きし、形をととのえ 12 月上～中旬にかけ天日に干して仕上げる。形状が古人のいう「唐の墨」に似てることからカラスミといわれ、富江のカラスミは、アメ色の外観と独特な風味を持ち高級嗜好品とされる。〈五島市富江町・昭和 58 年頃・提供＝中村九永氏〉

▶**白亜の大瀬崎灯台**　崖下から見上げた灯台。英国人R・プラトンの設計と言われ、初点灯は明治12年。昭和46年に改築され、光達距離・約22キロという日本屈指の光力で、東シナ海を航海する船舶の安全を担っている。「日本の灯台50選」にも選ばれている。〈五島市玉之浦町・昭和50年頃・提供＝中村九永氏〉

▲**海際のカトリック墓地**　18世紀、三井楽《みいらく》村渕ノ元に、長崎・外海《そとめ》から移ってきた農民・14家族78人の子孫たちの墓地。渕ノ元は日本の夕陽百選にも選ばれた景勝の地。潜伏期からの敬虔な祈りを感じさせる一枚である。〈五島市三井楽町渕ノ元・昭和58年・提供＝中村九永氏〉

▶**繁敷ダムにて家族写真**〈五島市富江町・昭和55年頃・提供＝松井幸子氏〉

▶三井楽でかんころ干し　昭和30年～40年代前半にかけて甘藷は畑作の基幹作物であった。澱粉を多く含む甘藷を、厚さ5ミリほどの輪切りにし、天日で乾燥させてから出荷した。かつて「かんころの島」とまで言われ、畑や海岸沿いのかんころ棚に甘藷を干す風景は五島の秋の風物詩だった。しかし糖蜜の輸入が自由化されると切り干甘藷の需要は減り、昭和45年頃をピークにその生産は減退した。〈五島市三井楽町渕ノ元・昭和50年代・提供＝中村九永氏〉

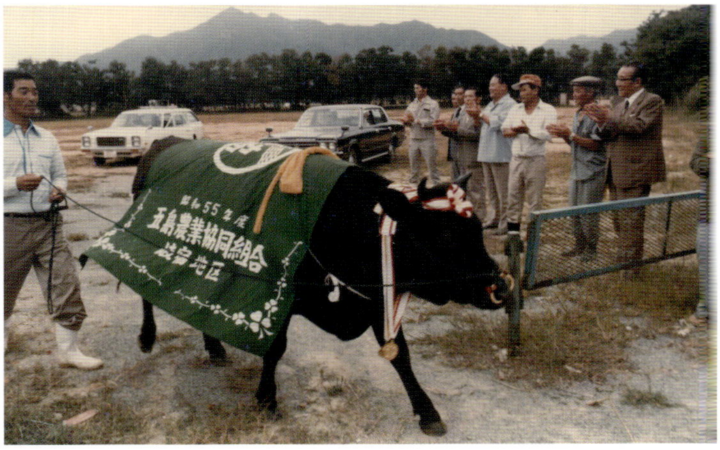

◀五島和牛・ミス岐宿《きしく》　岐宿地区品評会で最優等賞の和牛に選ばれ「額賞」に輝いたミス岐宿。各畜産農家では、5年ごとに開催される「全国和牛能力共進会」出品を目指して生産飼育に励む。「ごとう農協肉用牛部会」では、各支部ごとの共進会で、月齢14ヶ月未満～20ヶ月未満のメス牛を3区に分け、月齢ごとの発育状況、体形、体積などを審査する。「額賞」は牛の目の上、額に紅白リボンを結び、首に金メダルを垂らす名誉ある賞。〈五島市・昭和55年頃・提供＝中村九永氏〉

▶立谷のサンマ漁　玉ノ浦湾内の奥深い入江（通称・立谷浦）に、12～1月にかけてサンマが入る。2隻の櫓こぎの船が待機し、水面に跳ね上がるサンマを目じるしに網入れをする。群れを囲んで船に引き揚げると、多い日の水揚げは約100キロ、一部は保存用に塩漬けにし、残りを養殖ハマチのエサとして出荷。4軒の地区の人たちも、高齢化や移転などで漁の手がそろわなくなり、漁は昭和60年代始めに途絶えた。〈五島市玉之浦町立谷・昭和57年・提供＝中村九永氏〉

◀捕れた鯨をウインチで引き揚げ　捕鯨船からキャッチボートで岸まで運び、ウインチで大洋漁業の解体所に引き上げた。〈五島市玉之浦町・昭和40年頃・提供＝五島市教育委員会・所蔵＝山口潔氏〉

◀**椛島《かばしま》の本窯港付近**　五島列島では8番目に大きな島・椛島。縄文期の遺跡が残り、平家落人・伊王三郎が家臣と共に住み着いたといわれる。イワシ漁が盛んだった昭和26年には、3,425人の人口が記録されていたが、イワシブームが下火になるとともに減少、島唯一の学校・椛島小中学校も平成29年から通学者が絶え、令和元年現在、休校となっている。〈五島市本窯町・昭和53年・提供＝河原幸也氏〉

▶**嵯峨島《さがしま》オーモンデ**　鉦打ちを先頭に踊り手7～10人が地区内を回り初盆を迎えた家や墓地で踊り、亡くなった方や先祖の霊を供養する盆行事。サガノ島漁港広場民家の前で。独特の高いヨーデルのような裏声が哀愁を帯びる。〈五島市三井楽町嵯峨島・昭和50年頃・提供＝中村九永氏〉

◀**大板《おおいた》部《べ》島を空撮**　福江島の南東12キロにある無人島。その周囲は3キロだが、火山活動による溶岩洞窟があり、その全長は約100メートル、内部に入ると2方向に分かれるなど、複雑な構造になっていて、土器片や石器などが散在するという。昭和59年7月、ここで九州歴史資料館と別府大学などの考古学調査が行われた。〈五島市赤島町・昭和59年・提供＝中村九永氏〉

◀洞窟最奥部で水中貝塚を発見　海水の池になっている水深10メートルほどの縦穴の底でアワビの殻や礫、土器片などの堆積が見つかり、それぞれ6千年以上前のものと判明、調査団は「五島大板部洞窟　縄文時代の水中貝塚」と位置づけ、五島の海の縄文人の暮らしが話題となった。〈五島市赤島町・昭和59年・提供＝中村九永氏〉

▶奈留島にて、初節句の鯉のぼりと武者のぼり　写真提供者の初節句。酒を売っている商店なので、ビールケースが家の前に積まれている。〈五島市奈留町浦・昭和48年・提供＝植木良尚氏〉

◀奈留島から夏休みの葛島行の渡船にて　葛島は潜伏キリシタンが住み開いたといわれる島で、300人近くいた住民は、昭和48年、離島振興法の適用で23世帯が奈留島に集団移住し、現在は無人島となっている。出身者には葛島姓が多く、葛島哲一氏によって五島牛の放牧も行われている。〈五島市・昭和50年・提供＝浦道陽子氏〉

▶**波静かな田ノ浦の漁港**　久賀《ひさか》島・田ノ浦には、現在も福江港と結ぶフェリーが運航する。写真は田ノ浦小学校の教員が撮影したもの。湾に面した同校は、昭和62年久賀小学校に統合されて閉校。その校舎は一時、福江市田ノ浦青少年自然の家として使用されていた。〈五島市田ノ浦町・昭和54年頃・提供＝片山圭弘氏〉

◀**青方の街並み①**　国道384号沿いに港橋交差点から西を見る。左上にある「ナショナル」の看板は、今もある南松堂電気店。「割烹まるみ」「家具の安全堂」も見える。以下、当時の青方小学校の駅伝コースを車でたどった3枚。〈新上五島町青方郷・昭和48年・提供＝青方小学校〉

▶**青方の街並み②**　港橋交差点から南、青方郵便局方面を見る。〈新上五島町青方郷・昭和48年・提供＝青方小学校〉

▶青方の街並み③　港の北側、市街地に続く道。正面奥の斜面に得雄寺の墓地が見える。〈新上五島町青方郷・昭和48年・提供＝青方小学校〉

◀青方海岸の風景　右奥に旭屋旅館が見える。〈新上五島町青方郷・昭和30年頃・提供＝青方小学校〉

▶石油備蓄基地　テニスコート奥の桟橋にはタンカーが着岸している。〈新上五島町続浜ノ浦郷・昭和63年・提供＝青方小学校〉

◀青方小学校　運動会の予行演習のようす。〈新上五島町青方郷・昭和30年頃・提供＝青方小学校〉

▶青方小学校で町民運動会のようす〈新上五島町青方郷・昭和30年頃・提供＝青方小学校〉

◀埋め立て整備された鯛ノ浦港全景〈新上五島町鯛ノ浦郷～阿瀬津郷・昭和63年・提供＝坪井隆治氏〉

▶蛤浜海水浴場で　透き通った海を望み、遠浅の白い砂浜がどこまでも続く蛤浜は、今も人気の中通島の海水浴場。島内外からのグループ、家族連れで賑わった。写真は職場の仲間同士で記念撮影のひとコマ。〈新上五島町七目郷・昭和53年・提供＝河原幸也氏〉

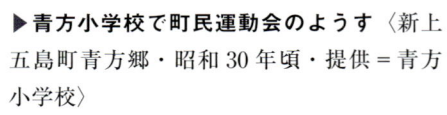

◀捕鯨で栄えた有川町の鯨見山　山頂に祀る「鯨供養碑」前の門はナガス鯨の下顎の骨で作られたもの。〈新上五島町有川郷・昭和 58 年・提供＝中村九永氏〉

▶津和崎灯台での記念写真　新上五島町で最北端に位置する白亜の津和崎灯台。潮流の速い津和崎瀬戸を見下ろし、船の安全を守ってきた。現在、周辺には「椿公園」が整備され、北を望めば野崎島や小値賀《おぢか》島は指呼の間。天候が良ければ平戸島（平戸市）方面まで見渡せる。〈新上五島町津和崎郷・昭和 53 年・提供＝河原幸也氏〉

◀奈良尾《ならお》漁港にて「まき網」の補修　夜間、集魚灯で集めたアジ、サバなどの魚群を囲んで巻くように投網し、出口を閉じてかかった魚を揚げる「まき網漁」。月夜間《ツキヨマ》の休漁期（満月の旧暦 15 日前後）には、網を漁港の広場に広げ、手入れ補修する。〈新上五島町奈良尾郷・昭和 57 年・提供＝中村九永氏〉

▶福見の海岸にて　カトリック教会に通う子どもたち。近くにあるレンガ造りの福見教会を訪れた際のものか。この地の信者の人たちは、寛政から文化年間に大村藩外海の黒崎、樫山などから移って来たキリシタンを先祖としているといい『奈良尾町郷土誌』は浦川和三郎の記述「いわしで有名な奈良尾港を北東に距ること一里半ばかりにして、福見という百十数名のキリシタン部落がある。ここは旧キリシタン五戸、異教徒四戸を数えるばかりで、純然たるキリシタン部落である」を引いている。〈新上五島町岩瀬浦郷・昭和 40 年頃・提供 = 鼻﨑貴広氏〉

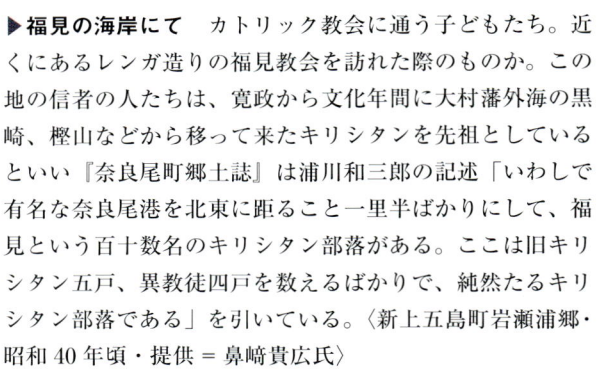

▶奈良尾港のペーロン大会　昭和57年頃まであった同大会は、有志、地区ごとというより各巻き網船の乗員チームが対抗意識を燃やす場であった。ペーロン競漕は17世紀、長崎港で在留中国人たちの端午節の行事を見習って始まり、のち長崎地方各地に広まったといわれる。岐宿では古くからあったといい（現在はない）、近年は上五島各地のペーロン大会や、また三井楽でも「万葉の里」を謳ったイベントとして催される。〈新上五島町奈良尾郷・昭和50年頃・提供＝津田稔氏〉

◀▼小値賀島・笛吹本通りの奉納踊り　六社神社の大祭。左は腹おどりを模した仮装行列か。〈小値賀町笛吹郷・昭和59年・提供＝尼崎長文氏〉

はじめに

監修　五島文化協会（会長＝筑田俊夫）

五島の写真集はこれまで何度か出版されたが、昭和三十七年の福江大火で貴重な往時の古い写真は随分と消失した事実が否めない。幼少の頃、上から覗く蛇腹のカメラを持つ方々はひとにぎりでハイカラの感がした。一般家庭の盛装の写真はほぼ写真館のスタジオで撮ったものが多い。記念撮影といえば写真屋さんが暗幕を被りフィルム版を装着し何枚か「バシッ」とストロボの閃光に細い眼をつぶったものである。あの未曾有の福江大火がなければ、賑わっていた商店街の光景や桟橋に人が溢れた集団就職の映像などがもっと残っていたに違いない。

戦況が逼迫するにつけ、終戦まで素人がカメラを持ち歩くのはご法度だったとか。今も緊張が続く諸国で不用意に軍事基地にレンズを向けるようなもので、「カメラを持ち歩くと憲兵から睨まれる」の証言には根拠があった。当時、二十メートルを越える高さから軍事要塞地帯を撮影することは、防課写真取締法令により禁止されていた。

今は誰でも気軽にスマホで動画まで写せる時代である。いやカメラ自体が少ない。

ある超高層ビルの屋上で若い女性が身を乗り出すように自撮り棒にスマホを装着し写すのが不思議だった。ネットに公開しアクセス数を競うとか、奇抜な映像狙いの事故や、ときに常規を逸した映像が物議をかもす。

余りにも便利な今の映像やプロの映像と違うのが本誌収蔵の写真であろう。主に各家庭に眠っていた写真を提供されたもので既存の写真集とは趣きを異にする。五島牛に帯をかけ船に吊り上げる桟橋や、街や路地に人や子供が溢れていたひとコマひとコマは、何枚も写したフィルムから選り抜いた映像ゆえに、島の暮らしや昭和の五島を静かに物語るかのようである。

目次

巻頭カラー　色彩の記憶――カラー写真でたどる郷土の昭和……i

はじめに……1

地理・交通／戦後の自治体合併……4　五島列島の昭和略年表……5

監修・執筆者一覧／凡例……6

1 昭和の幕開け……7

フォトコラム　姉弟　戦争と島の暮らし……39

2 福江島〈旧福江市〉……45

フォトコラム　五島高校……88

3 福江島〈旧富江町〉……95

4 福江島〈旧三井楽町・旧岐宿町・旧玉之浦町〉……103

フォトコラム　漁業に生きた島人たち……127

5 奈留島・久賀島……141
6 上五島❶〈中通島北部～旧上五島町・旧新魚目町・旧有川町〉……147
フォトコラム　五十の教会……171
7 上五島❷〈若松島と中通島南部～旧若松町・旧奈良尾町〉……179
フォトコラム　奈良尾の昭和は豊かな時代……212
8 宇久島……219
9 小値賀島……229
フォトコラム　子どもたち……249
フォトコラム　島からの旅立ち……258
写真取材を終えて……261
協力者および資料提供者……263
おもな参考文献……263

2ページ写真
右：映画「喜びも悲しみも幾年月」の大浜海岸ロケのスナップ〈五島市浜町・昭和32年頃・提供＝徳永勝則氏〉
中：福江小学校の児童が鬼岳に遠足〈五島市下大津町・昭和46年・提供＝浦道陽子氏〉
左：五島高校水泳部一同〈五島市・昭和24年・提供＝片山圭弘氏〉
3ページ写真
右：小値賀の海を進む若汐丸〈小値賀町笛吹郷・昭和39年・提供＝尼﨑長文氏〉
中：緑丘小学校にて下五島ミニバスケットボール第二回新人大会〈五島市木場町・昭和61年・提供＝片山圭弘氏〉
左：伝馬船の子どもたちをお見送り〈宇久町神浦・昭和30年代・提供＝佐世保市企画部宇久行政センター〉

地理・交通

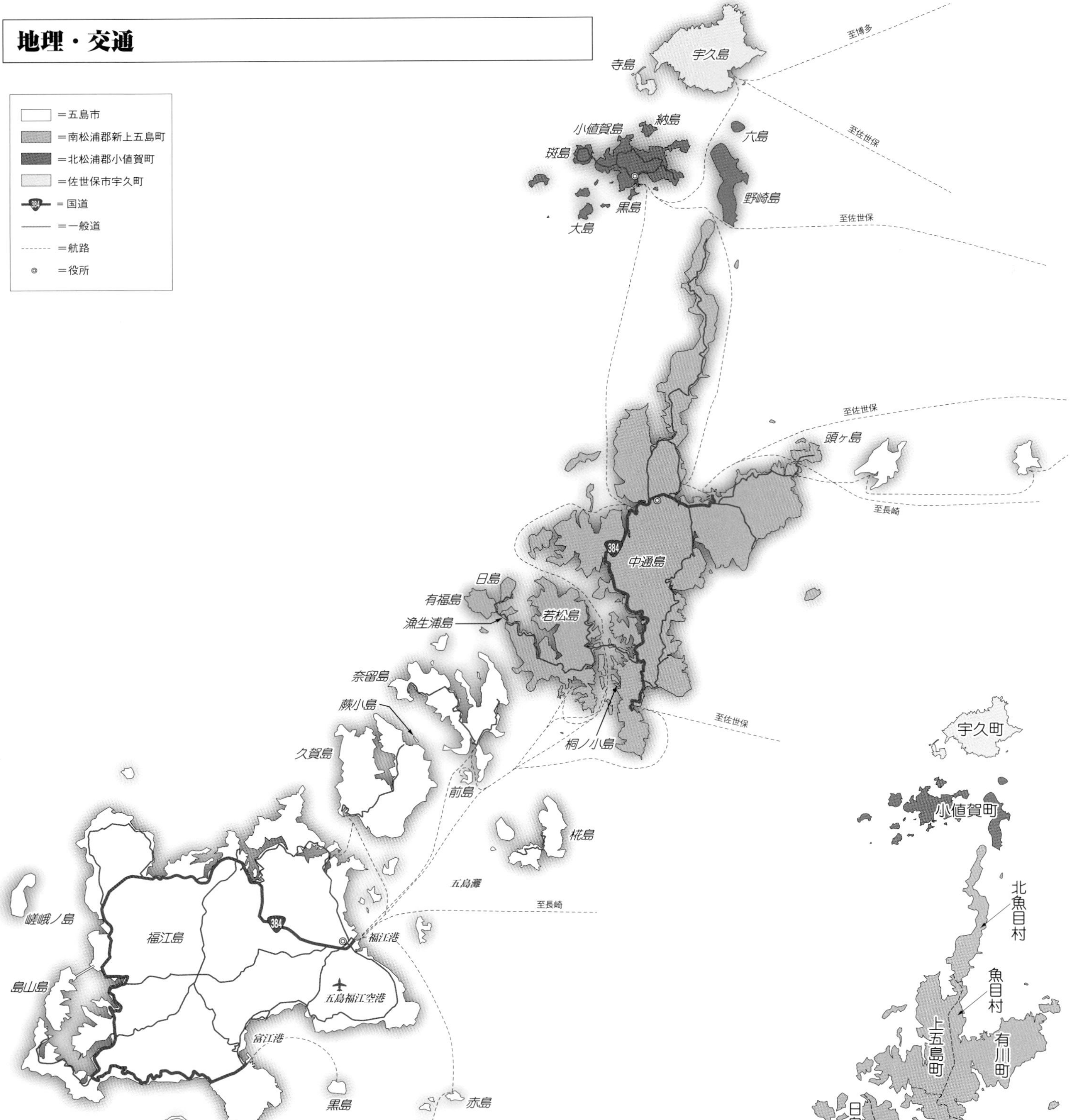

戦後の自治体合併

昭和 31 年 6 月 1 日時点の市町村図である。
各市町村の合併詳細は 5 ページの年表を参照。

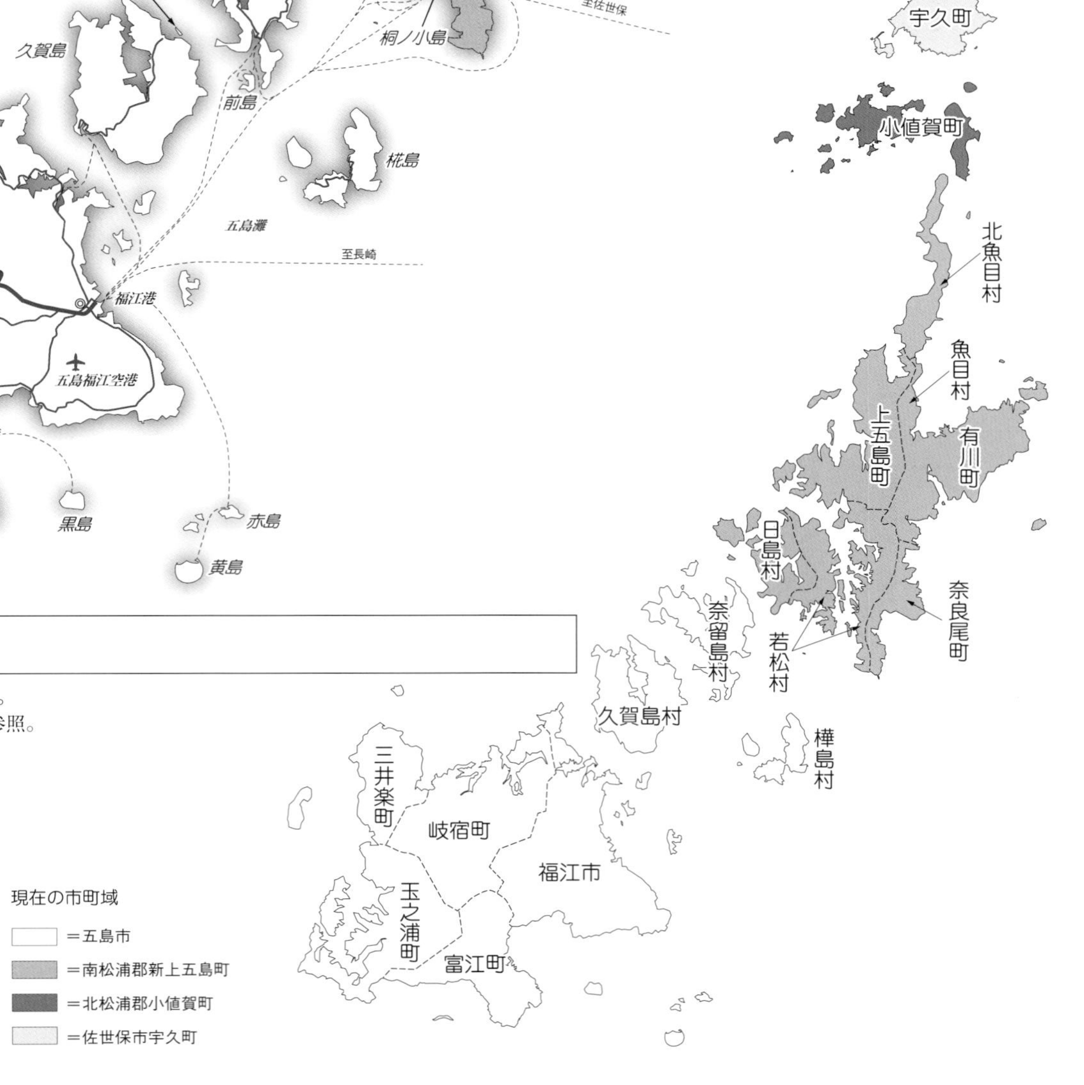

五島列島の昭和略年表

※交通網の変遷、学校開設、統廃合等については各章に掲載

年代	関連地域のできごと	周辺地域、全国のできごと
大正15年／昭和元年		大正天皇崩御、昭和と改元
昭和 2年(1927)		昭和金融恐慌発生
昭和 3年(1928)	九州汽船が九州商船に改称	普通選挙法による最初の衆議院議員選挙実施(成人男子のみ)／治安維持法改正
昭和 4年(1929)		世界恐慌発生
昭和 6年(1931)	魚目尋常高等小学校が県下で2番目の鉄筋校舎となる／この頃富江町が珊瑚景気で賑わう	満州事変
昭和 7年(1932)	有川村が町制施行して有川町となる	五・一五事件
昭和 8年(1933)	玉之浦村が町制施行して玉之浦町となる／NHK長崎放送局開局	日本が国際連盟を脱退
昭和 9年(1934)		長崎国際産業観光博覧会開催／室戸台風襲来
昭和11年(1936)		二・二六事件
昭和12年(1937)		盧溝橋事件発生、日中戦争に突入／防空法施行
昭和13年(1938)		国家総動員法施行
昭和15年(1940)	小値賀村が町制施行して小値賀町となる／三井楽村が町制施行して三井楽町となる／ドウクツミミズハゼが日本固有種として新種記載される	全国で紀元二千六百年記念祝賀行事開催／大政翼賛会発足
昭和16年(1941)	青方村が町制施行して青方町となる／岐宿村が町制施行して岐宿町となる／五島自動車設立／長山丸沈没	尋常小学校が国民学校と改称／太平洋戦争開戦
昭和17年(1942)		三大婦人会が統合され大日本婦人会発足／ミッドウェー海戦／関門鉄道トンネル開通
昭和18年(1943)	奈良尾村が町制施行して奈良尾町となる	
昭和19年(1944)		学童疎開開始／学徒勤労令、女子挺身勤労令公布
昭和20年(1945)		全国で空襲激化／長崎に原子爆弾投下／太平洋戦争終結／治安維持法廃止
昭和22年(1947)	奈良尾病院開設	新学制実施／日本国憲法施行
昭和24年(1949)	北松浦郡平村が町制施行して平町となる	
昭和25年(1950)		朝鮮戦争勃発、特需による経済復興／警察予備隊設置
昭和26年(1951)	ルース台風襲来	サンフランシスコ平和条約、日米安全保障条約調印
昭和28年(1953)		NHKテレビ本放送が開始
昭和29年(1954)	福江町・奥浦村・崎山村・本山村・大浜村が合併し福江市が発足	
昭和30年(1955)	平町・神浦村が合併して宇久町が発足／西海国立公園が指定される	神武景気の始まり
昭和31年(1956)	青方町・浜ノ浦村が合併し上五島町が発足／若松村・日島村が合併し若松町が発足／魚目村・北魚目村が合併し新魚目町が発足	経済白書に「もはや戦後ではない」と記載
昭和32年(1957)	福江市が椛島村を合併／福江市が久賀島村を合併／奈留島村が町制施行及び改称し奈留町となる	諫早大水害
昭和33年(1958)	斑島玉石甌穴が国の天然記念物に指定される／NHK長崎・佐世保テレビ本放送開始	岩戸景気の始まり／関門トンネル開通／東京タワー完成
昭和34年(1959)		皇太子御成婚
昭和35年(1960)	上五島町に国民健康保険診療所開設	
昭和36年(1961)		第二室戸台風襲来
昭和38年(1963)	県下初の離島空港として福江空港開港	
昭和39年(1964)		東海道新幹線開業／東京オリンピック開催
昭和40年(1965)	有川町出身の力士佐田の山が第50代横綱となる／上五島町の国民健康保険診療所が上五島病院に改称	
昭和41年(1966)	有川町国民健康保険直営診療所開設	
昭和43年(1968)	原子力空母エンタープライズ佐世保港入港／五島列島福江島でドウクツミミズハゼが発見される	東名高速道路全線開通
昭和45年(1970)		日本万国博覧会開催
昭和46年(1971)	嵯峨島のオーモンデーが国の記録作成等の措置を講ずべき無形の民俗文化財として選択される	
昭和47年(1972)	昭和47年7月豪雨襲来	札幌冬季オリンピック開催／沖縄が本土復帰
昭和48年(1973)		第一次石油ショック
昭和49年(1974)	金毘羅大橋が完成	
昭和50年(1975)		山陽新幹線全線開通
昭和51年(1976)	福江ダム完成	
昭和52年(1977)	有川大橋が完成	
昭和53年(1978)	斑大橋が完成	
昭和54年(1979)	漁生浦橋が完成	
昭和55年(1980)	有川町国民健康保険直営診療所が有川病院に改称	
昭和56年(1981)	頭ヶ島大橋が完成／4月上五島空港開港	
昭和57年(1982)	長崎大水害(昭和57年7月豪雨)	
昭和59年(1984)	黄島に世界初の太陽光発電利用海水淡水化施設を設置／青方ダム完成	
昭和60年(1985)		日本電信電話公社及び日本専売公社が民営化
昭和62年(1987)		国鉄民営化／この頃からバブル景気へ突入
昭和63年(1988)		青函トンネル及び瀬戸大橋開業
昭和64年／平成元年	上五島石油備蓄基地竣工記念式典開催	昭和天皇崩御、平成と改元

監修・執筆者一覧

（敬称略）

■監修

五島文化協会（会長・筑田俊夫）

■執筆

筑田　俊夫

松本　作雄（五島文化協会副会長）

永冶　克行（五島文化協会副会長）

長谷　静寛（五島文化協会会員）

松﨑　律子（五島文化協会会員）

上河　恵賜（五島文化協会会員）

前田　賢實

大岩　保雄

魚屋　優子

▲楽しい遠足　女の先生に連れられた小学生たち。手に下げた風呂敷包みはお弁当か。後ろに木造平屋建ての校舎が見える。〈宇久町平・昭和35年・提供＝佐世保市企画部宇久行政センター〉

凡例

一、本書は、五島列島の主に福江島、奈留島、中通島、若松島、宇久島、小値賀島の、昭和時代の写真を、年代順またはテーマごとに分類して収録した。

二、本書に掲載した説明文には、原則として末尾に現在の市町名、写真撮影年代と写真提供者名を表記した。

三、名称や地名は、一般的な呼称や略称を使用し、現在使用されていない名称や地名に適宜「旧」と表記した場合がある。

四、本書の市町村表記は、令和元年九月現在のものとした。佐世保市宇久町、北松浦郡小値賀町の市、郡名は、原則として省略した。

五、用字用語については、原則として一般的な表記に統一したが、執筆者の見解によるものもある。

六、説明文中の人名など固有名詞は敬称略とした。

1 昭和の幕開け

思い出すままに五島航路の昭和の定期船の名を記すと、男島丸、若汐丸、波路丸、潮路丸、長福丸、椿丸、藤丸など。フェリーになる直前の楓丸から長崎日帰りが可能となった。昭和初期まで深夜十二時長崎港発で、西回り航路は福江や、岐宿、三井楽経由で玉之浦港へと。昭和の初めは玉之浦町や富江町が旧福江町より栄えた。

　玉之浦小学校の児童数が千人。ビリヤードが五軒、昔の花街二十四軒の証言が延縄漁で栄えた当時を示唆する。一方、富江町は人口一万六千人強、実際は二万人との説も、珊瑚漁、鰯漁で栄えたことを物語る。

　木炭バスが走りはじめ、峠では乗客が降りて後ろを押したとも。トラックは少なく港の荷揚げは荷馬車が主役だった。夕方酔いつぶれた行者を荷台に寝せて馬の綱を解くと、自宅に馬が主を連れ帰ったという。駅馬車を利用できるのはひとにぎり。野良仕事や買い物、おミサに伝馬舟が重宝されていた。

息白し艪《ろ》を漕ぐ母も背の子も　きゆう

通学の伝馬も譲り卒業す　たてき

子どもも船が住居の漂流漁民を「家船《えぶね》」と呼び、奈留港や大津、福江川河口に停泊していた。

裏木戸の家船溜まりに豆を撒く　春汀

本章八頁には昭和八年秋、高浜虚子の甥で俳人・池内たけしを迎えた句会の後か？　宗念寺での記念写真にちゃんここ踊りと小さな五島馬が写っている。

　俳人・大野きゆうの昭和十五年の随筆が当時の福江港を示唆する。

浮桟橋　大野きゆう

　長崎へ行かれる白榮さんを送って落成した築港にはじめて出掛けて見た。出征兵の見送りで大変な人出であったが、ふと眼の前にある二つの浮桟橋に気がつく。たけ先生が来られた時は長崎までお迎へに行ったが、「五嶋は船の乗り降りが不便でしてねえ」と云ったら、桟橋があるんでせうと先生が云はれた。「いいえ、ございませんよ」と云ふと、「でも、揺れてゐる浮桟橋に菊の市　きゆう、という句があるではありませんか」と訊かれた。「あれは基隆《キールン》にゐた時のことを思い出して作ったのですよ」と答えたが先生は一寸、笑い顔をされた。その浮桟橋も今や立派にこの嶋にも出来たのである。旧突堤の先には新突堤も長く続《ママ》き足されて

月上げて新突堤の人出かな　一非

という宗念寺の住職の句もなる程とうなづかれた。

句を詠んだ「一非」はホトトギス同人で福江・宗念寺の第二十四世住職、義尊のことである。ちなみに「きゆう」は敗戦後の物資窮乏の時期にも、配給品以外は口にしないという堅物、一方で和尚「一非」は座を和ます滑稽さの逸話が残る。

（筑田俊夫）

◀**福江で伝馬船の新造祝い**　場所は旧丸木町で、福江川河口の現在、丸木橋が架かっているあたり。昭和23年に落成する同橋は写っていない。船上は当時、渡し舟を営んでいた一家で羽織袴にソフト帽をかぶるのがお祖父さん、お祖母さんは日本髪を結ってみな正装。間に立つのは姪御さん。提供者（弟）が日の丸を掲げ、シャツに手ぬぐい姿で炉を漕ぐのがお兄さん。〈五島市福江町・昭和8年・提供＝渡留太郎氏〉

◀五島中学の城垣で倒立　卒業生の佐々野利彦氏にならい、石垣での倒立が生徒たちの間で流行った。佐々野氏は五島氏出身の体操選手として、昭和７年のロス五輪にも出場した。旧制五島中学５年生の時、旧友のおだてに乗せられて始めた、と著書で語っているが、その技は後輩たちに脈々と受け継がれた。〈五島市池田町・昭和５～14年頃・提供＝筑田俊夫氏、「五島高校百周年記念誌」より〉

▶武家屋敷通りの石垣で　石垣に並ぶのは俳人の池内《いけのうち》たけし（右手前）、ひとりおいて地元の俳人・大野きゆう。高浜虚子の兄・池内信嘉の長男であるたけしは、『ホトトギス』同人となり、俳誌「欅」を創刊した。これは昭和８年10月に、初めて五島を訪れた折の１枚。〈五島市武家屋敷・昭和８年・提供＝筑田俊夫氏〉

◀宗念寺でチャンココ　本堂前に笠、腰蓑《こしみの》腰太鼓姿の踊り手たちがずらり。浄土宗の同寺は、以《い》八《はち》上人が石田の浜に結んだ小庵が始まりとされ、肥前福江藩の２代目・五島盛利《もりとし》の実母・芳春尼の菩提寺として寛永11年（1634）、「芳春山華顔院宗念寺」として開山した。俳人・池内たけしが昭和８年に来訪したときの記念写真。住職の俳号は「一非」。きゆうに次ぐ「ホトトギス同人」であった。〈五島市福江町・昭和８年・提供＝筑田俊夫氏〉

▶母と末娘　正装の母とおめかしした末娘が写真館で。〈五島市・昭和初期・提供＝筑田俊夫氏〉

▲二十歳前後の福江町の娘　お見合いのための撮影かと思われる。〈五島市・昭和10年代・提供＝筑田俊夫氏〉

▶写真館にて家族の記念写真　福江の旧市街には当時、少なくとも5、6軒の写真館があり、余裕のある家庭では年の節々に写真を撮りに通った。〈五島市・昭和7年頃・提供＝筑田俊夫氏〉

◀奥浦の堂崎教会の神父とシスターたち　五島キリシタン復興の任を帯びたフランス人の宣教師らが五島を訪れ、そのひとりマルマン神父によって明治12年、五島で最初の天主堂が建てられた。当時は木造だったが、その後、現在のレンガ造りの教会堂が完成する。これは天主堂のある旧奥浦村での撮影か。〈五島市・昭和16年頃・提供＝名切佐年氏〉

▲◀富江港を埋め尽くす揚《あ》繰《ぐり》網《あみ》漁船団　揚繰網とは巻き網の一種で、2隻の船で魚群を囲い込んで採る。網の両端を引いて船内に繰り込むと同時に、引手綱で網の底を素早く引き寄せ、下から魚が逃げるのを防ぐ。この漁法で大量のイワシが獲れ、富江港は漁船団で埋め尽くされた。〈五島市富江町富江・大正末期～昭和初期頃・提供＝若田耕平氏〉

▲富江港全景〈五島市富江町富江・昭和初期・提供＝若田耕平氏〉

▲富江商交会創立 15 周年祝賀会　当時の南松浦郡富江町での記念写真。同商交会の礎は大正 6 年頃にできた片町商人組合だといわれ、当時、珊瑚、カツオ漁などで急速に発展した町勢や、島内外との取引の増大を鑑み、富江在住の商人の結束を図ることであった。大正 7 年に保証責任商業組合商交会の名で設立され（認可・登録されたのは昭和 10 年）、事務所の場所は旧富江郷 358 番地の 5、組合員は 95 人であった。〈五島市富江町富江・昭和 8 年頃・提供＝若田耕平氏〉

▲富江神社例祭で記念撮影　増徳文具店（左の建物）前に神輿を下ろし、参加者がぎっしり写真に収まる。大人も子供も白い鉢巻にわらじ履きである。五島富江藩の総社であった富江神社では、現在も10月の大祭では神輿が町中を練り歩く。〈五島市富江町富江・昭和15年頃・提供＝若田耕平氏〉

▶なぎなた踊り　秋祭りの行事として集落の広場で。当時の神社例祭は、ほかにも奉納、ニワカ・寸劇・奉納相撲などで賑わった。元々旧盆の15日の供養のためのもの。この後、廃れ今は残されていない。〈五島市富江町小島郷・昭和13年・提供＝馬場武典氏〉

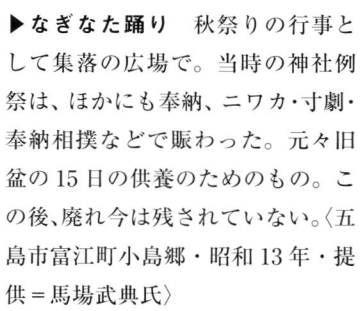

▶**若宮様前の在郷軍人**　予備役、帰休兵、退役軍人などで結成された帝国在郷軍人会の会員たちで、地域の奉仕活動を行っていた。富江神社近く、忠霊塔となりの若宮神社(霊神社)前の階段での撮影。〈五島市富江町富江・昭和14年頃・提供＝若田耕平氏〉

▲**旅回りの劇団がやってきた**　木材に幕を張った手作りの舞台。公演記念の写真には、役者として参加していた貝津の若者も写り込む。〈五島市三井楽町貝津・昭和10年代・提供＝尾崎善啓氏〉

▶坊主頭の少年たち　昭和初期、児童の髪型は丸刈り（坊主頭）か坊ちゃん刈りが普通であった。戦時色が強まるにつれ、子どもにも時局に合った心構えや振る舞いが求められるようになり、坊主頭は少年の一般的な髪型になる。〈五島市三井楽町貝津・昭和16年頃・提供＝尾﨑善啓氏〉

▼出征記念の集合写真　昭和十二年に日華事変が勃発すると、一般人も軍隊に召集されるようになる。「赤紙《あかがみ》」と呼ばれる召集令状が届き出征が決まった兵士は、家族や近所の人々、婦人会、在郷軍人会などに見送られ戦地に赴いた。写真では、男は軍服、国民服、左の女性はモンペ姿である。モンペは動きやすさと空襲などへの備えから女性の着用が奨励され、昭和17年には婦人標準服として着用が義務付けられた。〈五島市三井楽町貝津・昭和16年頃・提供＝尾﨑善啓氏〉

▶▼日島《ひのしま》・漁世浦島《りょうぜがうらしま》（漁生浦）の漁業従事者①　オゴノリ取りの実況。右写真は立串郷の乙宮神社の境内らしい。魚籠を手に。下写真は日島の岩場で採取のようす。〈新上五島町・昭和16年・提供＝宮田又壽氏〉

▶日島・漁世浦島（漁生浦）の漁業従事者②　オゴノリの分配。食用では刺身のつまなどにされる海藻・オゴノリは、寒天の原料としても利用される。収穫した海藻が藁の上に積み上げられ、女性や子どもも、ざるを持って集まっている。〈新上五島町日島郷・昭和16年・提供＝宮田又壽氏〉

◀日島・漁世浦島（漁生浦）の出征家族　乙宮神社の鳥居下にて出征家族を写す。戦地にいる日島出身の兵士に宛てて送られたもの。添え書きには「漁世浦並原塚出征現役軍人家族」とある。〈新上五島町・昭和16年・提供＝宮田又壽氏〉

▲青方尋常高等小学校の全景　明治7年創立という長い歴史を誇る青方小学校。一部を除き、まだ平屋建て校舎の時代である。場所は、現在の新上五島町総合福祉センター北側あたりにあり、昭和46年まではここが校地であった。〈新上五島町青方郷・昭和5年・提供＝青方小学校〉

▲新築なった青方尋常高等小学校の講堂　左手の建物が、昭和9年度に完成した講堂。生徒たちも作業に参加したが、尋常科6年生は卒業前の数カ月しか使用できず文句を言ったというメモが、同校のアルバムに残る。〈新上五島町青方郷・昭和9年頃・提供＝青方小学校〉

▲青方国民学校の運動会　運動場の真ん中で女性の教師がオルガンを弾き、輪になった生徒たちが日の丸を高く掲げる。右の建物は講堂。〈新上五島町青方郷・昭和16年・提供＝青方小学校〉

▶青方神社境内にて　同社は創立年代は明らかでないというが、寛弘2年（1005）に高麗船の侵攻があった際、それを退け、庶民の安穏を願って社宇を建立、大己貴命を祀ったという記録が残る。明治4年に村社、昭和6年には郷社に列せられ、撮影当時の同12年には皇紀2600年を記念して本殿改造が起工している。写っているのは、近くにあった青方尋常高等小学校の教職員たち。〈新上五島町青方郷・昭和11年頃・提供＝青方小学校〉

▲修養団講習　修養団は、明治 39 年に東京府師範学校（現東京学芸大学）の蓮沼門三がはじめた社会教育団体。瞑想による胆力の養成や清潔心、同情心を養うことなど倫理の確立を目指した。青方小学校で講習を行った際の食事風景。壁には「流汗鍛錬」「同胞相愛」などの貼り紙が見える。〈新上五島町青方郷・昭和 10 年代・提供＝青方小学校〉

▲女子の大縄作業　二宮金次郎像建立の資金に充てようと奉仕活動として縄をなう青方尋常高等小学校の女子生徒たち。願い叶って 12 年 9 月に銅像は完成する。だが戦況の悪化に伴い金属供出されることとなり、昭和 18 年に石造の像にかわった。〈新上五島町青方郷・昭和 11 年頃・提供＝青方小学校〉

▲男子の大縄作業　これも青方尋常高等小学校の生徒たち。縄をなって農協に出荷し、代金を学級の資金とした。〈新上五島町青方郷・昭和10年代・提供＝青方小学校〉

▲昭和御大典を祝う鯛ノ浦仮装団　昭和を祝う仮装行列の面々。大正天皇が崩御すると、親王・裕仁は直ちに践祚、昭和と改元した。諒闇《りょうあん》（ほぼ1年間の喪）や世情不安もあり、喪の明けた昭和3年に挙行された即位礼を始めとする一連の儀式は、暗い雰囲気を吹き飛ばすような国家的慶事となった。さらに全国津々浦々で、仮装行列など地元民によるお祭り騒ぎが繰り広げられた。撮影場所は、有川方面から鯛ノ浦に入る境界あたり。〈新上五島町・昭和3年・提供＝坪井隆治氏〉

▲鯛ノ浦仮装団の手踊り　これも御大典記念祝賀会の後の舞台発表会。集落の中心、海岸沿いの広場に四国などから来た村芝居が小屋掛する広場があり、そこに組み立て式の舞台を造って祝賀会の余興を楽しんだという。〈新上五島町鯛ノ浦郷・昭和３年・提供＝坪井隆治氏〉

◀逓信《ていしん》記念日に郵便局員らが記念撮影　逓信記念日は４月20日。明治４年にそれまでの飛脚制度に代わって郵便制度が始まったことに因む記念日で、昭和９年に制定された。のち平成になって郵政記念日と改称される。制定されて間もない記念日に〒マークを象った逓信旗を掲げて祝う鯛ノ浦郵便局の局員と家族たち。〈新上五島町鯛ノ浦郷・昭和10年頃・提供＝坪井隆治氏〉

▲鯛ノ浦郵便局の窓口風景　明治19年、長崎〜福江〜上五島に汽船の定期航路が開かれ、上五島唯一の寄港地となった鯛ノ浦港。同年、本土と郵便物の取り扱いが可能になったことで郵便局が開設された。当時の流行りだった「文明開化」を謳い、長崎出島にあった洋館を見倣って造った、と伝えられる。母屋が明治20年、背中合わせの局舎は同25年の建築。昭和46年に新局舎に移るまで使われた建物は現存する。〈新上五島町鯛ノ浦郷・昭和10年頃・提供＝坪井隆治氏〉

▲東浦小学校高等科の第15回卒業生たち　太田小学校鯛之浦分校として創立し、明治45年、鯛之浦尋常小学校と七目尋常小学校の2校が統合され、「東浦尋常小学校」が発足、大正7年4月には高等科が併置され、東浦尋常高等小学校と改称された。当時、鯛ノ浦など近在4つの集落を学区としていたという。右手背後の黒板に「紀元節　二月十一日はキゲンセツデス」の文字が判読できる。〈新上五島町阿瀬津郷・昭和8年頃・提供＝坪井隆治氏〉

▲北魚目村時代の小串郷①　小串《こぐし》の港は標高320メートルの小番岳《こばんだけ》を背に有川湾に面して広がっている。東に向けて串のように突き出した岬・小串鼻が、北に隣接する立串鼻に比べ、短いところから「小串」の地名となったと伝わる。小串郷は、明治初期には魚目村の一部であった。それが明治19年、魚目村から立串、津和崎と共に分離し、青方村から分離した曽根郷が加わって、同22年の町村制施行により正式に南松浦郡北魚目村となった。桟橋の手前、漁船がひしめいている辺りは、現在埋め立てられている。〈新上五島町小串郷・昭和初期頃・提供＝五島小串簡易郵便局〉

▲北魚目村時代の小串郷②　鼻の斜面から港を俯瞰。〈新上五島町小串郷・昭和初期頃・提供＝五島小串簡易郵便局〉

◀北魚目村時代の小串郷③　鼻の南付け根から入江沿いに、石垣に守られ斜面を登るように小串集落が連なり、さらに上には段々畑が広がる。〈新上五島町小串郷・昭和初期頃・提供＝五島小串簡易郵便局〉

▶北魚目村時代の小串郷④
水平線に横たわるのは有川半島の山々。〈新上五島町小串郷・昭和初期頃・提供＝五島小串簡易郵便局〉

◀北魚目村時代の小串郷⑤　波静かな港内に、当時盛んだったイワシ漁の船が浮かぶ。〈新上五島町小串郷・昭和初期頃・提供＝五島小串簡易郵便局〉

▲鯛ノ浦港からの出征風景　上五島各町村の応召兵士が長崎に向け出発する。岸を埋める漁船には、入営を祝う出征旗が林立する。無事の帰還を願う家族に見送られ、上五島では100人近くが船で出征した。〈新上五島町鯛ノ浦郷・昭和12年頃・提供＝坪井隆治氏〉

◀魚目村高等科第21回卒業生　明治7年に榎津、似首それぞれの小学校が創立したが、昭和4年、榎津尋常高等小学校と似首尋常小学校が統合され魚目尋常高等小学校が誕生した。昭和6年、県下の小学校では長崎市勝山尋常高等小学校に次ぐ鉄筋校舎が、丸尾郷出身者である大工棟梁・建築家鉄川与助の手で完成した。〈新上五島町榎津郷・昭和13年・提供＝浦秀夫氏〉

▲家族の記念写真　年長の祖母を囲み、写真館での撮影。〈新上五島町・昭和15年頃・提供＝神徳妙子氏〉

▲大日本国防婦人会の奉仕活動　大日本国防婦人会は女性の軍事援護団体。陸海軍の後援のもと昭和7に成立し、出征将兵の歓送迎や慰問、防空訓練など、戦時体制銃後で守る活動を行った。日の丸や旭日旗を手に並ぶのは、奈良尾村分会の会員たち。白い割烹着が同会の正装だが、前列中央の女性が黒の長羽織なのは喪中のためか。〈新上五島町・昭和15年頃・提供＝神徳妙子氏〉

▲旧若松村高仏の造船所①　松ケ鼻側から見た高仏の集落。海岸に木材を並べているのは増彦造船所で、同造船所は国の依頼で200トンと70トンの木造船を建造している。当時は鉄が不足していたためという。この辺りは天草の木造船建設技術を学んだ造船所が集中していた。〈新上五島町荒川郷・昭和18年・提供＝増田忠彦氏〉

▲旧若松村高仏の造船所②　造船作業を撮影した一枚で、上の写真の2年前のもの。櫓《やぐら》を組んで国から依頼された木造船を造っている。当時資材は川棚から仕入れていた。〈新上五島町荒川郷・昭和16年・提供＝増田忠彦氏〉

▲昭和初期の神浦《こうのうら》港①　波静かな新春の風景。右手に集落が見え、彼方にかすむのは寺島や納島の島影か。〈佐世保市宇久町・昭和２年・提供＝山田康博氏〉

▲昭和初期の神浦港②　年は違うが、これも新春の港風景。船は木造船の萬栄丸である。済州島から大阪方面へアワビを運んでいた。〈佐世保市宇久町神浦・昭和４年・提供＝山田康博氏〉

▲夏の少年たち　真っ黒なわんぱく坊主たちに混ざった洋服姿はまだ小さくて海に入れない弟か。〈佐世保市宇久町・昭和14年・提供＝山田康博氏〉

◀宇久平村にあった公会堂の前で　撮影された消防組第五部。古くは「竜《りゅう》吐水《どすい》」と呼ばれた荷車式の手押し消防ポンプや「五」「平」の字の纏《まとい》、団旗が見える。公会堂は火災で焼失してしまい、現在はない。〈佐世保市宇久町・昭和10年代・提供＝畠中茂雄氏〉

▶消防団員の記念撮影　神社の大きな棕櫚《しゅろ》の前に集まった青年たち。左手には青年団の優勝旗も見える。〈佐世保市宇久町・昭和初期頃・提供＝畠中茂雄氏〉

◀宇久・神浦で銃後を守る防火訓練　巡査や警防団の団員たちに囲まれたモンペ姿の女性たち。最前列の女性が手にするのはブリキのバケツ。敵軍の空襲を想定し、火事場でバケツリレーで水を運ぶ訓練は必須であった。〈宇久町神浦・昭和10年代後半・提供＝山田長好氏（佐世保市役所宇久行政センター所蔵）〉

▶昭和の御大典記念で生徒たちも記念撮影　宇久神浦尋常高等小学校2年生の面々。教師を囲んで男女ともに写真に納まる。〈佐世保市宇久町・昭和3年・提供＝吉元俊二郎氏〉

▲宇久神浦尋常高等小学校の記念撮影①　「校訓」の額を掲げた校舎本館前で卒業時の撮影か。同校は明治７年、神浦村出口町代官邸を校舎とする神浦小学校として開校した。明治31年には小浜郷中村の小浜尋常小学校を合併、小浜分校とする。大正８年、高等科を設置した。〈佐世保市宇久町・昭和初期・提供＝吉元俊二郎氏〉

▲宇久神浦尋常高等小学校の記念撮影②　正装した教師たち。校訓は「信義を重んぜよ　元気に励め　力の限り励め　規律を守れ　■■を重んぜよ」と読める。〈佐世保市宇久町・昭和初期・提供＝吉元俊二郎氏〉

▲宇久神浦尋常高等小学校の水泳大会　神浦港には大人の乗った櫓漕ぎの小舟が待機しており、岸壁は父兄ら観客で賑わう。〈佐世保市宇久町・昭和２年頃・提供＝山田康博氏〉

▲神浦尋常高等小学校の相撲部員たち　郡内の小学校相撲大会で団体、個人のそれぞれの優勝旗と賞品を手にした生徒たちが、教師とともに記念撮影。〈佐世保市宇久町・昭和初期・提供＝吉元俊二郎氏〉

▲テニスコートにて　旧宇久町の神浦《こうのうら》尋常高等小学校の校庭にて教職員らが記念撮影。
〈佐世保市宇久町・昭和初期・提供＝吉元俊二郎氏〉

▲小学生の楽団　神浦尋常高等小学校の生徒たち。手にする楽器はトランペット２本、大太鼓、小太鼓とユーフォニウム。〈佐世保市宇久町・昭和初期・提供＝吉元俊二郎氏〉

▲小学校の職員室にて　教員たちが机にご馳走を並べ、茶碗酒を酌み交わす。背後には5月の予定表が掛かり、1日（日曜）の徴兵検査に始まり本部校長会、職員協議会などの項目が並ぶ。27日には大きく「海軍記念日」の文字があり、これは日露戦争での日本海海戦勝利を記念したもの。校名は不詳だが「宇久五校春■（不明）連合運動会」の予定が見え、飯良尋常高等小学校らしい。〈佐世保市宇久町・昭和初期・提供＝吉元俊二郎氏〉

◀神浦の旧家のお正月　新春を迎えるにあたって、正装しての記念撮影は昭和時代の慣習であった。戦後、一般にカメラが普及する前は、写真館に出向いたり写真師が各家を訪れて撮影した。〈佐世保市宇久町・昭和15年・提供＝山田康博氏〉

▲福田茂一郎氏の還暦祝い　宇久神社拝殿前にて。福田氏は資産家で海軍士官でもあった郷土の人である。〈佐世保市宇久町・昭和 12 年・提供 = 山田康博氏〉

▲宇久島神社の「しゃぐま棒引き」　神浦郷長坂に鎮座する同社は、宇久島でも特に古い伝統があり飯良、神浦、小浜地区の総氏神。五島家も代々崇敬して幣帛を納め、大祭の際は藩主自らが参拝していたとされる。しゃぐまとは大名行列の毛槍に当たり、氏子たちは「下に居れ、下に居れ」と触れつつ毛槍を相手に投げ渡して練り歩く。〈佐世保市宇久町神浦・昭和初期・提供 = 吉元俊二郎氏〉

▲古志岐《こしき》島の灯台　明治の頃に建てられた灯台で、周辺海域の航路において重要な役割を果たしていた。断崖の上に立つ白亜の灯台は、遠くからでもその美しさが際立っていた。〈佐世保市宇久町・昭和20年頃・提供＝畠中茂雄氏〉

▲出荷を待つ海産物　笛吹郷の生産組合前には大八車が2台。カンカン帽の男の前には計量器が据えられている。ここで扱っていたのは主にアワビやヒジキ、テングサなどの海藻で、俵詰めして積み上げられている。〈小値賀町・昭和10年・個人蔵〉

◀厄入りの家長を囲んで　男の厄年は数えの25歳と42歳。神社で一年の無事とその後の飛躍を願うなど、地方によっても、さまざまな厄落としや厄除けの行事がある。この一家では、神社でお祓いを受けた後、自宅で記念撮影。〈小値賀町・昭和14年・個人蔵〉

▶小値賀の結婚式　花嫁らしき女性は他の女性と同じ黒留袖だが、裾模様が艶やか、簪《かんざし》にも差がある。笛吹から前方《まえがた》へ歩いて嫁いだという。〈小値賀町・昭和5年頃・提供＝吉元俊二郎氏〉

◀小値賀の雛祭り　歌舞伎の舞台に見立てたひな壇か。〈小値賀町・昭和初期・提供＝吉元俊二郎氏〉

▶スイカにがぶり　ハンモックもつられた縁側で、夏の風物詩。前方《まえがた》は明治22年の町村制では前方村であったが、大正15年に小値賀村の一部となり、町制施行を経て現在に至っている。〈小値賀町前方郷・昭和初期・提供＝吉元俊二郎氏〉

▶小値賀尋常小学校の相撲大会　校庭にあった土俵で制服制帽の面々が記念撮影。同校は大正15年、小値賀島内の笛吹、前方、柳の3尋常高等小学校を統合して開校した。昭和2年、現在地に校舎を新築して尋常科を移転、高等科は笛吹仮校舎に移したが、翌3年、高等科校舎が完成したことで笛吹から戻した。〈小値賀町・昭和初期・提供＝吉元俊二郎氏〉

◀バレー競技で優勝した小値賀町立国民学校チーム　優勝旗には「第2回学童体育大会」とある。笛吹、前方、柳の各学校が大正15年に統合して小値賀尋常高等小学校ができたが、昭和16年の4月より国民学校令により小値賀町立の「国民学校」となる。尋常科は初等科となり、高等科2年、第3学年は特修科となった。〈小値賀町・昭和16年・提供＝吉田由紀子氏〉

▶阿弥陀寺で五重相伝記念　浄土宗・阿弥陀寺は、現存する木造建築物としては五島列島で最古という念仏堂を擁することでも知られるが、これは江戸時代初期から小値賀を根拠地として鯨組を展開した小田家が建立したもの。五重相伝とは、浄土宗でもっとも重要な教えを伝える法要。元来は出家のためのもので、浄土の信仰や念仏を唱える意味を理解し、仏教徒としての生き方を深めるために初重から第五重に分けて相伝する。5日間にわたって行われ、最後の日には生前戒名が授けられる。〈小値賀町笛吹郷・昭和18年・提供＝吉元俊二郎氏〉

フォトコラム　姉弟　戦争と島の暮らし

長崎に「新型の電子爆弾が落ちた」という噂は島にも流れていた。その被爆した人がのんびりしたこの家にも転がり込んできた。髪は逆立ち、顔も白いブラウスも煤《すす》け、モンペもよれよれに焦げ、枯れ木のように玄関に立った姿は幽霊そのもので、母の従姉・さく叔母さんと分かるのに暇がかかった。長崎の波止に、五島へ行く機帆船をつかまえて飛び乗って来たという。「長崎はもう地獄ばい」と何度も言った。

それから二日が過ぎた「その日」が何の日なのか、私には全然分からなかった。子供だったせいか。ま、蚊帳《かや》の外というところか……為政者の「民草には知らしむべからず云々」を持ち出すつもりはない。

父は隣保《りんぽ》班単位の勤労奉仕で奥の木場の軍の塹壕や砲台造りに出かけていたが、その日は昼過ぎには戻った。大鬼《おに》ヘゴを傘にして門を入ってきながら弾んだ声で「ロシアが日本との和平条約を破って一方的に宣戦布告してきた。我が皇軍はこれを迎え撃つ。今夕その重大ニュースがラジオである」と語った。日暮れて、あの景気のいい軍艦マーチのない重大ニュースは始まった。ピーピーガーガー雑音ばかりで漸《ようや》く聞き取れた「耐え難きを耐え、忍びがたきを忍び……」の件《くだり》で九歳の私にも「ははあ、そういうことだったのか」と察しがついたようなことであった。満蒙開拓団の婦女子の被《こうむ》った悲惨、母たちの身に迫るその現実……暗くなるばかりである。窓際にいたさく叔母は「あらよー……日本は負けたち言うとにお月さんはなして奇麗に照っちょっとじゃろねー」と、情緒的に窓にかかる月を仰いでいた。

さく叔母の弟に又男という十八の元気者がいた。家業の漁船を手伝っていた。五島灘での敵機襲来機銃掃射も頻度は増しつつあった。又男君はそれをミズスマシのように巧みに躱《かわ》し、楽しんでいる風があった。ある時、不意に現れたグラマンに虚を衝かれ、デッキの起重機にしがみついたまま、尻から鼠径部に貫通銃創を受けてしまったという。この起重機と軍がどう関係するのかは知らぬが、身を挺してそれを守ったという果敢な行いは、なになに（勲）章に値すると讃えられたとか……その父又吉さんは後に低い声で「色々なこちゃどうでんよかとん、金玉ば吹っ飛ばされんでほんとんよかった」。

（長谷静寛）

▲炎上する九七式飛行艇　２機のPB2Y四発大型飛行艇から攻撃を受け、炎上する九七式飛行艇。昭和20年５月10日、福江島から20マイルの海上。

〈五島市・昭和20年・提供＝五島文化協会〉

▶つかまり立ちでスマイル　旧魚目村の榎津にあった写真館で撮影されたもの。提供者のお母さん。〈新上五島町丸尾郷・昭和18年頃・提供＝名切佐年氏〉

◀兄妹　兄は戦時中の標準服であった国民服、妹はもんぺ姿だが、上下の柄が揃って洒落ている。終戦直後の撮影か。〈新上五島町奈良尾郷・昭和20年・提供＝神徳孝子氏〉

▲◀兵隊さんと子ども　中国の杭州湾に上陸することになった第10軍柳川兵団が、その予行演習を富江町田尾の海岸で行った。その柳川平助中将指揮下（10万人）の、出発前の五島での民泊の時。その後、同兵団は上海事変応援のため11月に五島列島を出発した。写真提供者の知人宅で。〈五島市富江町小島郷・昭和12年・提供＝馬場武典氏〉

▶五島中学校の生徒らの軍事教練　大正14年以降、各学校には陸軍将校が配属され、学生、生徒たちは授業として軍事訓練を受けた。生徒たちは足にゲートルを巻き、番傘に下駄履き。〈五島市・昭和初期・提供＝筑田俊夫氏、「五島高校百周年記念誌」より〉

▲出征の軍人さん〈新上五島町奈良尾郷・昭和19年頃・提供＝神德孝子氏〉

▶海軍・水兵姿で〈新上五島町奈良尾郷・昭和19年頃・提供＝神德孝子氏〉

◀有福島の国防婦人会　割烹着にたすき掛け姿の会員たち。前列はゴザを敷いた上に正座している。〈新上五島町有福郷・昭和16年・提供＝宮田又壽氏〉

▶日島郷国防婦人会の会員たち　左は西部国防婦人会、右は東部の会員たち。後の日島中学校で出征兵士に送るための撮影。〈新上五島町・昭和16年・提供＝宮田又壽氏〉

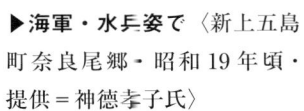

◀鯛ノ浦教会にあった特攻基地
鯛ノ浦には五島列島の中で唯一特攻隊の基地があり、特攻用小型ボート「震洋艇」の隊員が滞在していた。旭日園保育所、東浦国民学校を経て鯛ノ浦教会を接収、天主堂を宿舎に、隣接する教会事務所を司令部とした。写真は本部前で、第六十二震洋隊の部隊長及び士官7人、搭乗員50人の7月の撮影。〈新上五島町鯛ノ浦郷・昭和20年・提供＝五島文化協会〉

▶宇久島北海上の空中戦　日本海軍が最後に実用化した新鋭戦闘機・紫電改とアメリカ海軍の飛行艇・PBM-5。昭和20年5月11日。〈宇久町・昭和20年・提供＝五島文化協会〉

◀奈良尾沖で長福丸が被弾　2機のPMB-5から攻撃を受ける貨客船・長福丸。同船は九州商船が運航していたが海軍に徴用され、奈良尾沖で銃爆撃を受けて多数の死傷者を出した。昭和20年5月14日。〈新上五島町・昭和20年・提供＝五島文化協会〉

▲米軍機に攻撃される女島灯台　4月29日、米軍の2機の双発哨戒爆撃機から攻撃を受ける女島灯台。灯台、無線基地、気象基地が攻撃された。これによって女島見張所、大瀬崎見張所には防衛強化のため25ミリ機銃が配備された。〈五島市浜町・昭和20年・提供＝五島文化協会〉

◀福江島での占領行動①　大瀬崎見張所（玉之浦レーダー施設）爆破の瞬間で土煙が上がっているのが見える。〈五島市・昭和20年・提供＝五島文化協会〉

◀福江島での占領行動②　大瀬崎見張所（玉之浦レーダー施設）11号電探の爆破準備をする米兵。〈五島市・昭和20年・提供＝五島文化協会〉

▶福江島での占領行動③　武器海中投棄のため、橋上から伝馬船に運ぶ警防団の人たち。「崎山」の印半纏に制帽。〈五島市福江町・昭和20年・提供＝五島文化協会〉

◀福江島での占領行動④　福江港における武器の海中投棄準備。「武器の廃棄　日本人の労働団が銃をタグボートに積み込む。11月13日」という旨の英文のメモが付いている。〈五島市東浜町・昭和20年・提供＝五島文化協会〉

2 福江島〈旧福江市〉

昭和三十七年秋の福江大火で中心街をほぼ消失し、旧福江の町並みは大きく変貌した。かつては港に近い旧酒屋町が商店街だった。昭和のはじめ、武家垣名残りの本町通りは次第に官公庁が建ち町の中心になり、新栄町や本町通りが賑わった。消失を免れた周辺にも武家屋敷通りや、福江川沿いに三つの寺や職人町などがあり、島の城下町であることに違いはない。

福江港に下り立つと、旧福江城の城壁と福江川口の常灯鼻、遠嶺の芝生の鬼岳が旧福江町のランドマークでもある。維新直前、艦船からの砲撃が著しくなった時代、海防の理由から標的となる天守の築城は禁物で、唯一、天守は造らず台場を優先したのが旧福江城であった。本丸跡に長崎県立五島高校の学舎が建つ。城門が校門であり、城壁を巡る観光客に高校生のあいさつが好評である。

郊外に大型店は時代の流れか、閑散とした商店街の様変わりに浮かぶのが、昭和三十年代、買い物客が街に溢れたお盆や正月前の光景である。新しい服や靴を買って貰うのは決まって正月や盆前だった。お盆や正月前に商店街が賑わったのは、現金の潤いと無関係ではない。当時は給料もすべて現金だった。周辺地区からバスに乗り、子連れで商店街へ出かけることがお盆や正月前の習いだった。当時はバスが唯一の交通手段だった。大円寺のカーブに車掌はドアから身を反らせた。それでも切符に穴を開け、車内販売が欠かせない。ガランとした今のバスと大違いである。

路地にはリヤカーや天秤篭で据《す》え売りも多かった。その奥の路地には子どもが溢れ道路が遊び場だった。

大火前、夜の商店街を神輿の「お下り」が通る有様は、圧巻だった。新栄町で獅子や天狗に追われると小遣いを手にお旅所の八坂神社石段に走った。青装束の馬上の宮司が川沿いを助走し、前傾で一気に階段を駆け上がる姿に憧れた。映画館が三軒、花道もある福江座は芝居小屋といわれていた。三本立て百円に夕方、同じ映画を観る人波が不思議だった。未だテレビが映る前だった。せっかくの場面でフィルムが切れて場面は飛んだものである。

福江港に浮桟橋が完成したのが、昭和十五年頃である。桟橋が出来ても干潮時は沖止めも多々。定期船に横付けのはしけを「だんべ」と呼んだ。欠航明けの二等室船倉は身の置き場もなかった。

船客は卯月うねりに声ひそめ　けい一

（筑田俊夫）

▲**福江大火後の福江港周辺の市街地**〈五島市・昭和37年・提供＝民宿鷺美屋〉

▶星条旗の掲揚　占領行動に来たアメリカ海兵隊員らが宿泊施設にて。階級章などを外した陸軍・独立混成第107旅団長の久世少将の姿も。〈五島市・昭和20年・提供＝五島文化協会〉

◀港まつりの日の酒屋町　酒屋町は現在の栄町で、福江一の繁華街だった。レストラン南風には「港まつり」の看板と飾り付けリボンが揺れる。メニュー看板には「密（蜜）豆、ミルクセーキ」。復興期に各町内が競ったこの祭りが最も盛んだった頃の撮影。〈五島市栄町・昭和20年代・提供＝田中熊男氏〉

▶収穫を手伝う生徒たち　福江小学校の校庭で農作業する子供たち。戦況が悪化して、多くの学校の校庭では、食料自給のため畑が作られていた。占領軍が撮影したもので"Jap children process rice."と、メモ書きがある。〈五島市錦町・昭和20年・提供＝五島文化協会〉

▶**福江港**　五島列島内の港と本土の港を結ぶ、客船乗下船桟橋のようす。出港間近の船と、この後入港する船を待つ人で混雑している。〈五島市・昭和25年・提供＝片山圭弘氏〉

▲**丸木橋の渡り初め**　福江川が港に注ぐ河口に橋が完成した。渡り初めは開通式のこと。白丁《はくちょう》烏帽子《えぼし》の神主２人を先頭に正装の三世代夫婦、来賓が初めて橋を渡る。それまでは少し下流に渡し場があり、船頭が竿を操ってお客を対岸に渡していた。子どもたちは橋の下でよく鰻《うなぎ》を捕っていたという。〈五島市・昭和24年・提供＝厌谷甚一氏〉

▶**福江港から自転車で行ける六方浜**　五島高校卒業１年目の級友同士で８月に撮影。旧奥浦村六方には平家落人伝承も残り、平家塚も史跡となっている。対岸２キロの戸楽の浜が築港によって埋立てられてからは、福江の少年たちにとって唯一、砂浜のある海水浴場となった。〈五島市平蔵町・昭和25年・提供＝片山圭弘氏〉

▲正装の紳士たち　結婚式にモダンな服装で出席した新郎の友人たち。宴席は、襖を取り払った婚家の広間である。場所は現在のシティモール付近。この周辺は、国道沿い新店舗や会社が並び、景観もモダンに変わった。上写真中央は的野圭志氏らしい。〈五島市籠淵町・昭和20年代半ば頃・提供＝田中熊男氏〉

▶堀町通り　海産物を天秤棒で棒振りの人たちで賑わう。野菜を積んだリアカーや自転車も見える。左手には公設市場の入り口があった。美松百貨店（食品）2階から南方向に撮影。〈五島市・昭和34年・撮影＝的野圭志氏〉

▲七夕飾りの商店街①　福江大火の前、七夕の笹飾りが揺れる本町通り。現在の十八銀行福江支店前あたりから福江郵便局の方向を見たもの。「人は右　車は左」の幕が下がり、左手には森本洋服店の看板が見える。右手、笹飾りに隠れて見える「生命」の文字は住友生命の社屋。〈五島市中央町・昭和 36 年・提供＝中村九永氏〉

▼七夕飾りの商店街②　本町通りの飾りは路上を覆うほど。現在の福江郵便局を背に北東を見たもの。右に「野田歯科」「倉富時計店」の看板、左手前「たばこ」の表示は貞方酒店である。〈五島市末広町〜中央町・昭和 36 年・提供＝中村九永氏〉

◀七夕飾りの商店街③　これは新栄町通りで、左に「ハリウッド美容室」、右手に「平岡食品」の看板が見える。奥（西）の交差点を左に行くと堀町を経て福江川に出る。右に行くと本町通りで福江郵便局、市役所に出た。〈五島市江川町〜中央町・昭和 36 年・提供＝中村九永氏〉

◀**福江祭りの子ども神輿**　旅館・美奈止《みなと》屋前を港に向かう。福江港を背に西を撮影したもの。右手奥の一帯は、大火後に公園となる。〈五島市栄町・昭和34年・撮影＝的野圭志氏〉

▶**炎天下の商店街**　買い物かごを下げた婦人たちが日傘をさし、それを横目にアイスキャンデーをしゃぶりながら少年たちが行く。アンダーシャツに中学の制帽姿は定番のいでたちだった。右手には自転車店、美容室。〈五島市中央町・昭和30年代・提供＝五島市教育委員会〉

◀**福江の商店街にあった佐藤呉服店前で**　同僚とのスナップ写真。当時10人ほどの従業員が勤めていた。呉服店らしく生地が堆く積まれている。〈五島市中央町・昭和27～32年頃・提供＝徳永勝則氏〉

▲下酒屋町通り　福江川方面を見たもの。「酒屋町・優勝」の旗を手に行進する子どもたち。通り奥には「酒屋町商店街」のアーチが掛かり、右手には「本村酒店」「柳旅館」「サカヤ町薬局」などの看板が見える。〈五島市栄町・昭和31年・撮影＝的野圭志氏〉

▲▶酒屋町の結婚式　嫁ぎ先の薬局まで商店街の数十メートルを歩く。文金高島田に簪、角隠しが重いためか伏せ目がちな新婦と、笑顔の親族、親類たち。〈五島市栄町・昭和26年頃・提供＝田中熊男氏〉

◀▼**酒屋町商店街の新しいアーチ**　看板の文字「カクイわた」は通り左手のナガサキ店が扱う繊維会社・カクイの商品名。鹿児島の会社で、九州各地の商店街にこのロゴのアーチを建てていた。〈五島市栄町・昭和36年・提供＝東洋ネオン〉

▼坂の上から福江を見る　旧市街を一望すると、正面の福江小学校は校舎建て替え中。右に石田城城郭、左端に宗念寺の伽藍が見える。〈五島市・昭和35年・撮影＝的野圭志氏〉

▶石田の浜を一望　右に城郭の松、正面に天神の森、さらに鬼岳を望む。〈五島市・昭和33年・提供＝中村九永氏〉

▲◀▼石田城跡　幕末、開国を迫る黒船の来航に備え、五島藩が15年の歳月をかけて文久3年（1863）に完成した最も新しい海城。県指定史跡にもなっている。城郭は東西160間（291メートル）、周囲は740間（1,346メートル）。城郭の海際（東側）は昭和40年頃から石垣を残して埋め立てられ、現在は公園や商業地（スーパー）、海運業の荷揚げ場となっている。上写真は干潮時の城郭。下2枚は満潮時の撮影。〈五島市・昭和35年頃・提供＝中村九永氏〉

▲雪の蹴出《けだし》門から登校する五高生　城の裏門であった蹴出門は、生徒たちにとって通学路。朝、雪よけの白い手ぬぐいを頭に石橋を渡る。石田城は現在、本丸跡に五島高校、二の丸跡には城山宮を囲んで五島観光資料館、図書館、文化会館が配置され、福江の文化ゾーンとなっている。〈五島市池田町・昭和35年頃・提供＝中村九永氏〉

▲埋め立て前の戸楽を大日山より俯瞰する　今は埋め立てられ漁港が整備されている。右端に福江港が見える。〈五島市松山町・昭和40年・撮影＝的野圭志氏〉

▶海水浴場だった戸楽の浜　福江小、中学校の生徒たちにとって、商店街から歩いていける海水浴場であった。埋め立てられると、六方浜まで自転車で行ったという。〈五島市松山町・昭和 38 年・撮影＝的野圭志氏〉

◀楓《かえで》丸の就航①　島民の熱い期待を集めて福江港に入港する最新鋭船。〈五島市・昭和 32 年・提供＝九州商船株式会社〉

▶楓丸の就航②「祝　楓丸就航　福江市」のアーチをくぐり、評判の船を一目見ようと福江港に集まる人びと。〈五島市・昭和 32 年・提供＝九州商船株式会社〉

▶楓丸の就航③　福江港で盛大な見送りを受けて初航海に就くのは、新造船「楓《かえで》丸」。この年に建造され、九州商船は五島航路の日帰り便を可能にした。〈五島市・昭和32年・提供＝九州商船株式会社〉

◀▼港を出た小さな貨物船
福江港近く。多くの伝馬船、はしけ（だんべ）、荷運びの船が見られた。〈五島市・昭和30～35年頃・提供＝浦道陽子氏〉

悲劇から復興へ

福江大火は、旧福江の中心市街地、約600戸の家屋が焼失した県内で戦後最大といわれる大火災。復興では、街路拡幅、商店街のアーケードが整備など大胆な整備によって市街地は整然とした防火都市に生まれ変わった。

◀**煙が上がる福江市街** 9月26日、港上空から市街地を見る。〈五島市・昭和37年・提供＝五島市教育委員会〉

▲**大火の翌朝** マトノ文具店前から焼け跡となった市街地を見る。奥は坂の上、右手に福江教会、左の丸い屋根は福江小学校の体育館。カメラを見ている子どもは3歳、左手にしゃがむ兄と姉。その向こうに自宅の井戸が四角く焼け残った。〈五島市・昭和37年・撮影＝的野圭志氏〉

▲道路を走る少年と車　道右手の家屋は焼け残り、周りには消防団たちが出動して慌ただしい。左のふたりの法被には「第八分団員」の文字。〈五島市・昭和 37 年・提供＝五島市教育委員会〉

▲自衛隊の整地作業　当日の午前 8 時には三井楽自衛隊のブルドーザーが到着。この日に、五島支庁（現五島振興局）、公立五島病院、福江警察署でエンジン音を響かせて残骸排除に当たった。〈五島市・昭和 37 年・提供＝五島市教育委員会〉

▲福江小学校で物資の配給を受ける人たち　鎮火間もない26日の午前10時には救援物資を積んだ海上自衛隊の艦船が福江港に着き、その後、全国から続々と衣類、日用品、学用品などが寄せられた。〈五島市錦町・昭和37年・提供＝五島市教育委員会〉

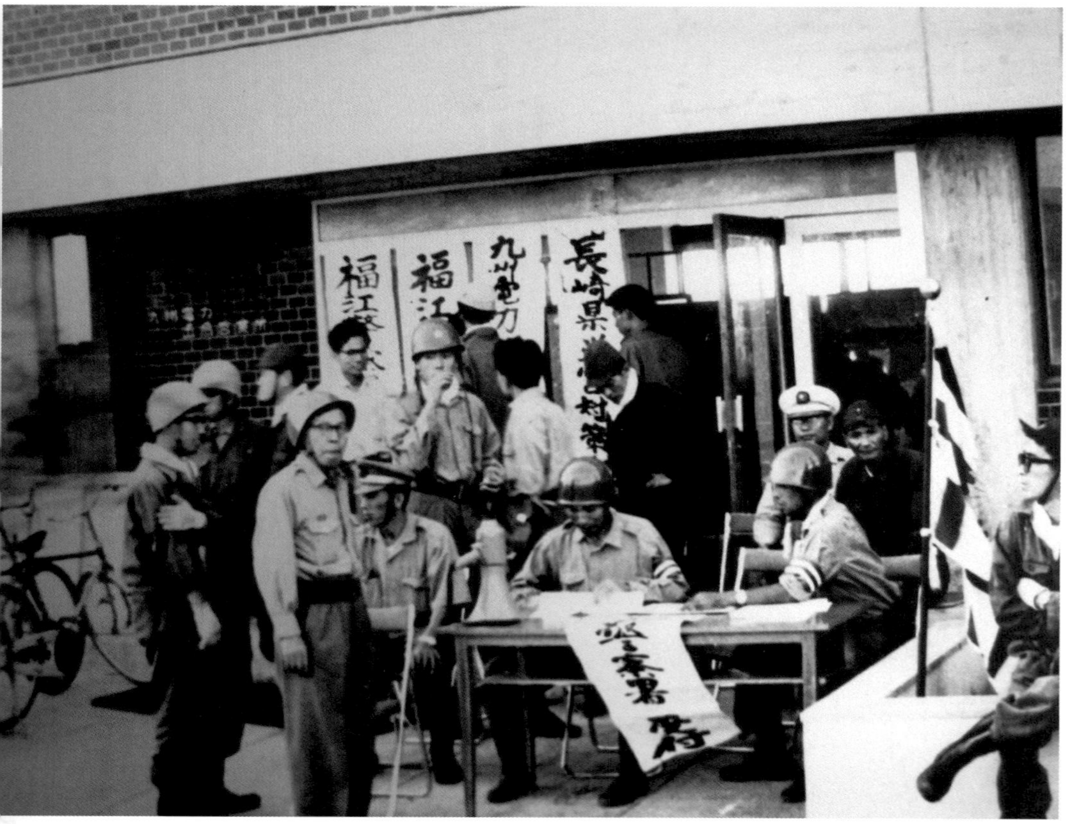

▲災害対策本部前　九州電力五島営業所に置かれた本部入口。長崎県は災害援助法を適用し、午前6時には現地本部を設置した。福江市も午前6時39分、福江小学校のへき地集会室（体育館）に災害対策本部を設置した。〈五島市・昭和37年・提供＝五島市教育委員会〉

▲◀焼け野原の市街地　瓦礫からはまだ煙がくすぶっている。治安維持のため長崎県警本部の緊急機動隊が派遣され、昼夜警備に当たった。〈五島市・昭和37年・提供＝五島市教育委員会〉

▶焼け野原に立った無料診療所　医師らが待機するのは福江小学校のテント。「タケ眼科　無料診療所」の張り紙が見えるが、夜中の消火作業で目を痛めた消防団員の被害が甚大だったためという。公立五島病院や日赤病院の診療班なども無料診療をしていた。奥の2階建て長屋は引揚者用の住宅「城山荘」。〈五島市中央町〜池田町・昭和37年・提供＝五島市教育委員会〉

▲**大火の災害区域詳細図**〈提供＝五島市教育委員会〉

▶**電線の復旧作業**　沢本金物店の前辺り。車両には「大丸電気商会」のロゴが見える。〈五島市・昭和37年・提供＝五島市教育委員会〉

◀**福江中学校校庭に降りたヘリコプター**〈五島市・昭和30年代・個人蔵〉

▲福江大火の後①　木の枝が物干し竿代わり。日常を取り戻すのは、まだ先の話。〈五島市・昭和 37 年・提供 = 洗川広幸氏〉

▲福江大火の後②　飛ぶように売れた沢本金物店の焦げた金だらい。〈五島市・昭和 37 年・提供 = 洗川広幸氏〉

▲福江港の埋め立てを前に　福江の大火後、子どもたちは整地中で港湾工事用の資材が置かれた空き地で遊ぶ。現在のドラッグストアモリ五島福江店近く。〈五島市東浜町・昭和37年・提供＝田中熊男氏〉

▲福江港桟橋で船を待つ人たち　大きな船が入港したらしく乗船場は人で溢れ、右手でははしけの甲板も慌ただしい。〈五島市・昭和37年・提供＝平山義郎氏〉

▲福江港に椿丸が入港　防波堤は訪れる船を招き入れるように緩やかに曲がるが、潮が引いていて同船は沖留め。船腹にだんべ（はしけ）が荷揚げ中である。右の稜線は蠑螺《さざえ》島、左は椛島などの島影が霞む。〈五島市・昭和30年代・提供＝平山義郎氏〉

◀福江港から牛を出荷　ウィンチで吊り上げられた牛は楓丸の船底へ。大正3年の全国調査では61種類の和牛の分類が報告されているが、その中に「五島牛」の記述がある。大浜遺跡（五島市浜町）では2,200年前の牛骨が発掘されており、畜牛の歴史は日本最古かもしれない。農業の機械化により役牛としての需要が減少すると食肉用へと改良され、黒毛和種のブランド・五島牛《ぎゅう》として注目を集めた。当時、ウィンチで自動車も吊られていたが、船が接岸できるときだけの光景だったという。〈五島市東浜町・昭和40年頃・提供＝平野洋三氏〉

▲五島海上保安署の４階建て新庁舎　昭和23年、海上保安庁が発足すると同時に長崎海上保安部が開設される。福江港には同26年、福江警備救難署が置かれ庁舎も建てられた。五島、男女群島近海に底引き網やダイナマイトによる密漁が横行し密航、密輸なども盛んだった頃で、以来、監視取締りを任務としている。〈五島市東浜町・昭和54年・提供＝河原幸也氏〉

▲福江港から椛島へ　椛島に渡る友人たち。「椛島丸　定員46名」の表示が見える。〈五島市東浜町・昭和54年・提供＝河原幸也氏〉

▶到着した飛行機の窓からパチリ　空の玄関口・福江空港。昭和34年から1億1千万円をかけて完成され、38年の10月に開港した。当時、福江〜大村間がわずか40分というのは、島民にとって画期的な出来事であった。〈五島市上大津町・昭和40年代・提供＝古本七朗氏〉

◀滑走路のF27フレンドシップ　それまで大村まで日に2往復していたダグラスDC3に加え、昭和42年に就航したオランダ製の双発旅客機。〈五島市上大津町・昭和45年・提供＝平山義郎氏〉

▶福江空港で出迎え　久賀島の田ノ浦小学校へ向かう大学教授3人をターミナルビルで出迎える教員たち。のち田ノ浦小は統合され、廃校となった。〈五島市上大津町・昭和54年頃・提供＝片山圭弘氏〉

▲ターミナルビルの空港ロビー　コーヒーでくつろぐ。タバコを手にする国分太一郎氏を囲んで。作文教育研究大会の講師として来島。〈五島市上大津町・昭和 56 年・提供＝片山圭弘氏〉

▲福江市街地空撮　北から旧福江市街地を望む。手前、福江中学校の校庭、その先に蛇行する福江川。福江空港は右手奥に霞む。〈五島市・昭和 52 年・提供＝中村九永氏〉

▲福江市街地を北から見る　福江川の左が唐人橋、右手が福江橋。中央手前に宗念寺の墓地と本堂屋根が見える。〈五島市・昭和 52 年・提供＝中村九永氏〉

▲福江市街地を南から見る〈五島市・昭和 52 年・提供＝中村九永氏〉

▲福江港大波止の常灯鼻〈五島市福江町・昭和30年代・個人蔵〉

◀福江町の古刹・宗念寺の鐘撞堂
〈五島市福江町・昭和30年代・個人蔵〉

▲桜爛漫の大円寺公園　川畔の水神社は火消しの神様として知られ、深淵に住む河童の逸話が伝わる。昭和55年の河川改修でこの淵の埋め立てが計画されると、市民が陳情して残されることとなった。〈五島市木場町～大円寺町・昭和30年代・個人蔵〉

▶旧大荒郷の職人町公民館　落成式の当日、黒いスーツで受付係を務めた青年団の三人。館内では町内会や婦人会の役員たちが式典、祝賀会で盛り上がっている頃。公民館は地域住民の交流施設であり身近な学習の場でもある。現在、同館建物は建て替わっている。〈五島市大荒町・昭和37年・個人蔵〉

▲樫《かし》の浦のアコウ樹　福江・石田城の外濠公園にも並木があるが、このアコウは県内最大の巨樹。高さは10メートル以上、枝は四方に10数メートル張り出す。樫の浦については「戸岐《とぎ》の者の前で櫓《ろ》を押すな。樫の浦の者の前で帆を張るな」という俚諺が、漁師集落の伝統と誇りを語る。〈五島市平蔵町・昭和30年代・個人蔵〉

▲福江川に架かる中野橋　平成27年の映画『くちびるに歌を』では通学場面などのロケに使われた。五島列島のとある中学校を舞台にしたこの映画は、福江、中通、若松の各島で撮影されて高い評価を受け、興行的にも成功した。〈五島市・昭和30年代・個人蔵〉

▲雪の日の福江橋　くの時に曲がる福江川の左岸（東）から旧福江の市街地方面を望む。川の上流には中央橋、下流にはかじや橋が架かる。右手に広がるのは宗念持の墓地。奥の飛び石では、主婦が洗濯したり子どもがここから泳いだりしていた。〈五島市大荒町～福江町・昭和30年代・個人蔵〉

▲本町通りの沢本金物店前　看板のように工具やガラスまで扱う店舗で、大火前、間口は現在の倍はあった。警官は繁華街を巡察中か。当時の福江警察署は目と鼻の先である。〈五島市中央町・昭和30年代・提供＝洗川広幸氏〉

▶大漁旗の山車が港を埋める　撮影者は最盛期のみなと祭りと記憶しているが、「福江商店街連盟　福江祭」と大団扇に書かれている。現在の「富江まつり」は昭和32年に初めて開催され、すでに45回を数えている。〈五島市東浜町・昭和30年代・提供＝田中熊男氏〉

▼福江でボウリング　昭和40年代、中山律子、須田開代子といった女子プレイヤーの出現が世間を賑わせ、ボウリングブームが到来、テレビドラマも放映された。写真は、当時の福江警察署課長の送別ボウリング大会。会場となった五島ボウリングセンターは、バスターミナル（現在のカンパーナホテル）の2階にあった。〈五島市東浜町・昭和53年・提供＝河原幸也氏〉

◀農家の婦人　崎山地区にて、畑作業の合間の一枚。当時の農家は自宅で牛を飼っていた。「昭和35年度　切干甘藷11万袋出荷記念」と染め抜かれた崎山農協の真新しい前掛けをしている。〈五島市・昭和40年頃・提供＝筑田俊夫氏〉

▼新築の棟《むね》上《あ》げ式の宴　棟上げ式は柱棟、梁《はり》など、建物の骨組みが完成した段階で、ここまでの工事進捗への感謝と、完成を祈願する儀式で建前《たてまえ》ともいう。〈五島市松山町・昭和54年・提供＝筑田俊夫氏〉

◀聖マリアの園老人ホーム　カラフルなてんとう虫の衣装を着て踊る施設職員たち。カトリック精神に基づいて高齢者支援をしている同ホームは昭和47年、定員66人で認可された。男女の歌手グループ・チェリッシュの「てんとう虫のサンバ」が流行ったのもこの頃で、昭和48年の紅白歌合戦に初出場している。〈五島市松山町・昭和50年頃・提供＝浦道陽子氏〉

◀家族写真　三軒長屋の自宅にて。〈五島市松山町・昭和 42 年・提供 = 浦道陽子氏〉

▶親子写真〈五島市松山町・昭和 37 年・提供 = 浦道陽子氏〉

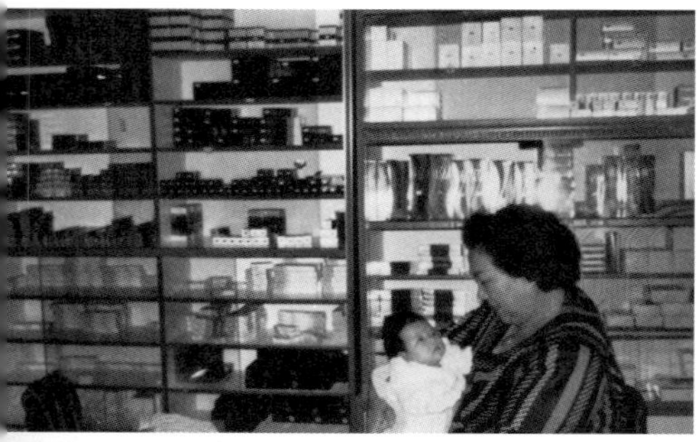

◀ポーラのお店で　商品棚の前で祖母に抱かれた赤子（昭和 54 年）は、七五三を迎え記念撮影。場所は化粧品会社の福江営業所。大正期、社会に進出した婦人たちは「化粧」を変える。口紅は棒状になり、クリーム、乳液が使われるなど、昭和にかけて化粧品も洋風化する。敗戦からの復興を経て、欧米の映画、雑誌の影響がそれに拍車をかけ、全国に化粧品の小売店が続々と開店。ポーラは、昭和 30 年代には香港やアメリカなど海外へも進出している。〈五島市幸町・昭和 56 年・提供 = 松井幸子氏〉

▶間伏《まぶし》海岸へドライブ　急峻な地形に沿った細い道を抜けると福江島の北の突端からは鴨島、ホゲ島など無人の島嶼が見渡せる。旧福江市の道路は昭和30年代まで、市街地の主要な道を除けばほとんどが砂利道で、同34年から試験的にタール舗装を行ったところ、これが好評で漸次普及したという。それまでの主要地方道・県道が今の国道384号に指定されたのが昭和50年、撮影の3年前のことである。〈五島市戸岐町・昭和53年・提供＝河原幸也氏〉

◀▼フナオロシ　進水式のこと。漁業の島、五島では個人所有5トン前後の小型漁船が多く見られる。新しい船ができると、まず大漁旗を揚げ、船霊《ふなだま》様に酒、塩、米、鯛を供えて航海安全、豊漁を祈願する。神官による船下しが多いが、信仰熱いカトリックや仏教徒では、神父や僧侶による儀式が執り行われる。左は神父による船下し（半泊湾）。下は僧侶による船下し（塩津漁港）。〈左：五島市戸岐町、下：五島市上崎山町・昭和50年頃・提供＝中村九永氏〉

▲純白の繭《まゆ》を出荷　養蚕農家がカイコから育てて収量した繭は、農協の集荷場に運び込まれ、キズ繭やゴミを選別し出荷される。それまで畑の基幹作物だった甘藷が、輸入自由化によって需要減退し、これに替わる作物として昭和45年、養蚕への転換が進められた。最盛期の養蚕農家数は昭和48年、1,308戸。桑園面積1,301ヘクタール（同49年）。繭収量621トン（同50年）。生産額18億円（同54年）と、五島は県内最大の養蚕団地となった。しかし昭和60年代以降の価格の低迷、養蚕農家の高齢化などにより漸減し、平成7年廃作となった。〈五島市・昭和55年頃・提供＝中村九永氏〉

▲鐙瀬《あぶんぜ》溶岩海岸　高校の友人同士で鐙瀬へ。この一帯は、鬼岳噴火の際に流れ出た溶岩に海水が覆り、変化に富んだ海岸風景をつくりだしている。高校生たちの出で立ちはジーパンに白いシャツ。〈五島市野々切町・昭和49年頃・提供＝河原幸也氏〉

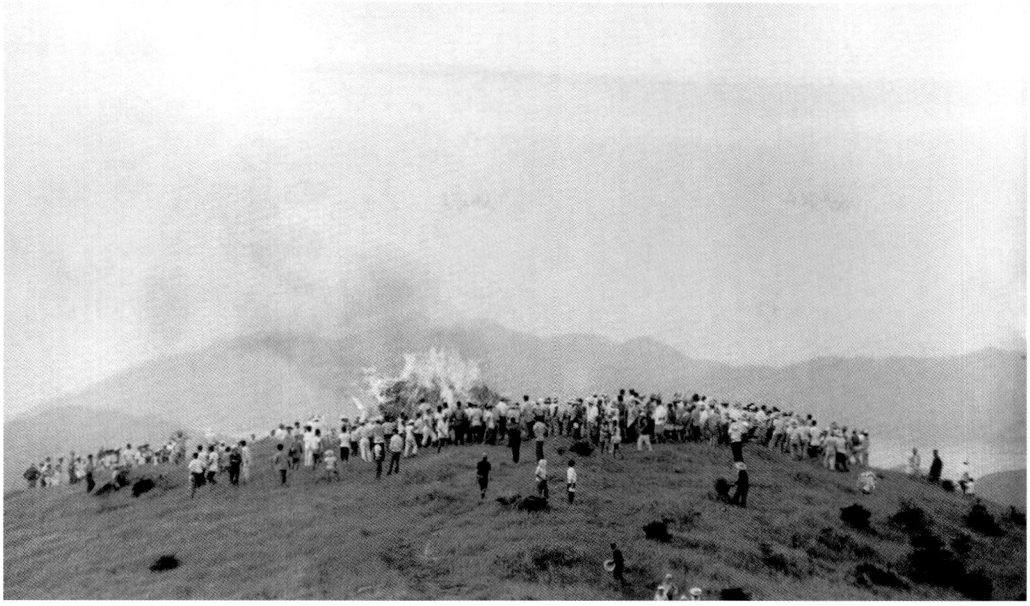

◀鬼岳山頂で空に祈る　持ち寄った柴や枯草に火を付ける人たち。この年が最後となった雨乞い行事「せんたたき」。〈五島市上崎山町・昭和41年・撮影＝的野圭志氏〉

▶▼バラモン凧の昭和の名人　福江島に古くから伝わるバラモン凧は、鬼が武者兜をくわえる絵柄。凧の上部に付けた弦が風を切り、独特の荒々しい唸りをあげる。県伝統工芸師にも選ばれた故・野原権太郎氏は、昭和50年頃これを復元した。下の写真は鬼岳で開催されたバラモン凧揚げ大会。〈五島市・昭和55年頃・提供＝中村九永氏〉

▶五島教育会館前で　教育会館は様ざまな学校教育の活動に応える施設。五島教育会館は平成18年3月でその役目を終え、解体された。これは作文教育大会の30周年大会に福岡から招かれた講師・中尾広治氏。〈五島市錦町・昭和62年・提供＝片山圭弘氏〉

▶作文教育25周年大会で講演する国分太一郎氏　児童文学、教育評論、作文教育の実践研究などで知られる国分氏は、この年、障害者の教育を実現する会の代表顧問に就いている。場所は五島教育会館。〈五島市錦町・昭和56年・提供＝片山圭弘氏〉

▲福江小学校3年生が集合　背後に写るこの校舎は建て替えられ今はない。この当時の出来事を拾うと、41年に給食が脱脂粉乳から生乳に変わる。翌42年、赤島分校が開校、その翌年には昭和天皇、皇后の来島をお迎えした。〈五島市錦町・昭和43年頃・提供＝片山圭弘氏〉

▶親睦剣道大会で技と気魄の勝負！　福江小学校体育館で開催された五島東西対抗親睦剣道大会。福江市剣道協会主催の下、福江、岐宿、富江、三井楽、玉之浦の代表が参加したが、この大会では剣道対薙刀の珍しい試合が行われた。特別出場の薙刀は元県立五島高校教諭・木場絢子選手（左）。〈五島市錦町・昭和35年・提供＝中村九永氏〉

▲◀遷宮7年祭のみこし巡行　五社、八幡、天神、住吉の4つの神社合同で7年ごとに行う神事。「上大津の平荒《ひらあれ》・下大津の江湖《えご》三尾野の坂の上」3ヶ所をお旅所としてみこし巡行し神事を行い、地区の安全五穀豊穣など祈願する。下写真は、お旅所での神事「五島神楽〝薙刀ノ舞〟」〈五島市下大津町・昭和45年頃・提供＝中村九永氏〉

▲池坂観音まつりの女相撲①　上大津の畑作地帯、小高い丘に祀られた池坂観音。溶岩の祠の奥に観音様を、広場には自然石の男岩と女岩が安置され孫繁栄、五穀豊穣の信仰を集めている。〈五島市上大津町・昭和 47 年頃・提供＝中村九永氏〉

▲池坂観音まつりの女相撲②　旧暦 3 月 18 日観音様の命日で、小大津、山崎両地区の女性有志で祭りを行い。近隣の地区からも多くの女性参拝者が訪れ賑う。御神酒が、まわる頃、相撲が始まる。肌襦袢に黒や色鮮やかな化粧まわしを付けた年輩の女性力士が登場する。〈五島市上大津町・昭和 47 年頃・提供＝中村九永氏〉

▲池坂観音まつりの女相撲③　三味線入りの相撲甚句に合せ「はーぁどすこい、どすこい」と唄いながら踊る。〈五島市上大津町昭和 47 年頃・提供＝中村九永氏〉

▲池坂観音まつりの女相撲④　行司がしこ名で力士を呼び出し、ユニークな取り組みが次つぎと展開、女性たちの力強さに見物人から喝采が湧く。池坂観音祭りの参拝は現在も続くが、高齢の力士が減って跡継ぎがいなくなって、この行事は昭和 50 年代始めに途絶えた。〈五島市上大津町・昭和 47 年頃・提供＝中村九永氏〉

▶長《なが》手《て》の厄払い①　長手は半農半漁の地域だが、麦や甘藷、豆、野菜類など畑作物が豊かに穫れ昔から芸事が盛ん。厄入りのお祓いは伝統ある行事だった。〈五島市長手町・昭和45年・提供＝田中熊男氏〉

▼長手の厄払い②　数えで25と42歳の男性は紋付き袴を付け、女性33歳は丸まげに留袖姿で長手神社に参拝、続いて地蔵堂で地区の人たちに報告した。〈五島市長手町・昭和45年・提供＝田中熊男氏〉

▲長手の厄払い③　神社で見守る参加者の家族や地元の人たち。厄入りの行事は、集落の人口減少で、続けるのが難しくなっていた。〈五島市長手町・昭和45年・提供＝田中熊男氏〉

◀その後の長手の厄払い　上の写真から12年経っている。帰省者など島外の人にも参加してもらい、人数を揃えて行ったという。この撮影は1月23日。かつては結婚式を簡素にしても盛り上げ、厄払いの行事のあと自宅に親戚、縁者を招待して宴を催した。〈五島市長手町・昭和57年・提供＝中村九永氏〉

◀力道山、福江に来たる 市民体育館もない時代。大相撲興行やプロレス興行が五島高校の校庭で開催された。対戦相手はボボ・ブラジルか。〈五島市池田町・昭和30年代・提供＝筑田俊夫氏〉

▶福江大水害 昭和42年7月8日、熱帯低気圧となった台風7号の集中豪雨により福江川が氾濫し、商店街や住宅街が冠水した。これによる死者11人、家屋全壊は35戸にのぼった。旧福江市開田町の被害のようす。〈五島市福江町・昭和42年・提供＝五島市教育委員会〉

◀福江警察署の署内運動会 会場は福江中学校らしい。作り物の鯛を釣り上げて走り出す署員たちの背後には、大漁旗も立っている。戦後の日本の警察は、国家警察的な組織の反省と民主化の立場から設置された「自治体警察」を経て、昭和29年、新警察法が制定される。この法律の下で発足した福江警察署では、業務に当たる配置定員が警察官62、一般職9の計71人とされていた。〈五島市・昭和52年・提供＝河原幸也氏〉

▲旧福江市役所前で記念撮影　若者たちが企画したヤングフェスティバルで聖徳太子、空海はじめ歴史上の人物たちの凝った仮装。傍に何人か腹踊り、ピエロの衣装も見える。〈五島市福江町・昭和 40 年代後半・提供＝民宿鷺美屋〉

▶市民文化祭の晴れ舞台　福江市文化団体連絡協議会が結成されたのが昭和 48 年。日本舞踊や茶道、華道、謡曲、盆栽など地域のグループが力を合わせ総合文化祭を開催した。その 10 周年記念のイベントだが、福江文化会館の竣工が 60 年なので、この会場は国際文化会館か。〈五島市池田町・昭和 57 年頃・提供＝民宿鷺美屋〉

◀戸岐《とぎ》大橋が開通　一般県道 162 号、戸岐湾入口に架かる赤い橋。漁業の盛んな戸岐向と戸岐を結ぶ長さ 213.5 メートルの大橋梁で、落成の渡り初めには地元の三代夫婦も正装して先導した。〈五島市戸岐町・昭和 54 年・提供＝中村九永氏〉

フォトコラム # 五島高校

五高旧校舎の写生を褒められたのは小学五年のとき。「構図はいいが校舎が少し黒いのは何で」と、耳に残る。戦中の旅団司令部の名残であることを後に知る。城門を登校する姿に憧れ、五年生には島の大学とも思えた。昭和三十七年に五高入学、未曾有の福江大火で秋は臨時休校三日だった。就職の翌年、母校から東大と阪大への合格に驚いた。今は県下有数の進学校とか。千人を越えていた全校生が、今は五百人足らずが何とも寂しい。

かつて五高の運動会は名物で城垣の上も人が溢れた。圧巻は三年生の仮装行列で、平安の十二単や野良着姿もいれば、ケネディー暗殺の犯人もいた。その人気に城門を出て商店街に繰り出していた時期もあった。亡き恩師の次の一首に往時が偲ばれる。

久々に謹慎生徒零となる校舎の窓よ天高き日よ　憲章

喧嘩に飲酒、西瓜泥棒と、昔は謹慎が絶え間なかった。謹慎を解くには家庭訪問が欠かせず、運転免許を取った生活指導部教諭もいた。

平成七年頃、昭和の旧校舎が解体されることを知り有志を募って、名残にお盆の一週間校舎のライトアップとイベントを企画した。司会者は袴姿で城壁に立つ。点灯しても点かないぞ。工事用ライトが次第に宵闇を照らすさまは実に風情があった。まさかの台風接近にライトを一夜、撤去したことが懐かしい。

（筑田俊夫）

五島高校旧校舎ライトアップ〈五島市池田町・平成８年・提供＝筑田俊夫氏〉

▲「値賀《ちか》の浦」に聳える白亜の学舎　値賀は記紀にも見られる古い島の名で、五島列島にほぼ相当するといわれる。「値賀の浦波はろばろと　世界をつなぐ常凪の」と歌った同窓生にとって思い出の尽きない学び舎。〈五島市池田町・昭和25年頃・提供＝片山圭弘氏〉

▲運動会名物の組体操　石垣には島中から鈴なりの見物客が詰めかけたという。〈五島市池田町・昭和初期・提供＝筑田俊夫氏「五島高校百周年記念誌」より〉

▲旧制女学校から新制五島高校へ　県立五島高等女学校併設中学校の第１回卒業記念。中卒者80人、残りの70人は五島高校へ進学した。セーラー服を着ていない学生の姿も。〈五島市・昭和23年・提供＝片山圭弘氏〉

▲思い出のタンブリング　倒立や回転運動を含む組体操をタンブリングやピラミッドと呼んだ。運動会の伝統は受け継がれてゆく。〈五島市池田町・昭和24年・提供＝片山圭弘氏〉

◀第一校門の前で　おお、若き友どもよ！〈五島市池田町・昭和25年・提供＝片山圭弘氏〉

▲五島高校３年２組一同　男子のみ 30 人のクラスで、担任は三浦一教諭。福江城東石垣を背に弔魂碑の前で写す。〈五島市池田町・昭和 26 年・提供＝片山圭弘氏〉

▲五島高校第３回の卒業生たち　内訳は、高等女学校併設中学より 222 人、各市町村より 40 人だった。〈五島市池田町・昭和 26 年・提供＝片山圭弘氏〉

◀▼創立間もないバスケ部　五島高校創立50周年大運動会での部活対抗リレー入賞記念に撮影したもので部発足2年目の時。五島で初のバスケットボールチームだった。下写真は、代替の体育館（剣道場・控所）でアンダーパスの練習中。〈五島市池田町・昭和25年・提供＝片山圭弘氏〉

▲練習後のひと時、ヤギを抱くバスケ部員たち〈五島市・昭和24年・提供＝片山圭弘氏〉

▲仮装行列　五島高校３年１組の仮装行列で「地球脱出 宇宙をこえて」がテーマ。〈五島市・昭和 49 年・提供＝河原幸也氏〉

▲玉之浦出身者のための学生寮　福江市内の玉之浦町立玉成寮《ぎょくせいりょう》。玉之浦町が五島高校に進学者に用意した寮で卒業生と後輩たちが記念撮影。〈五島市・昭和 50 年・提供＝河原幸也氏〉

▲福江港から、いざ躍進！ 運動部が高体連（高等学校体育連盟）の競技会に出場するため、港で出発を見送る。離岸するフェリーに向かって校旗と「いざ躍進」の幟が振られる。船上には「歓迎五島連合小学校修学旅行団様」の横断幕も。五島高等学校 卒業記念「青春讃歌」より。〈五島市・昭和49年・提供＝河原幸也氏〉

▲バスケ部が長崎市大波止で 7月、部として初めて参加した県高校総合体育大会（島原市で開催）からの帰途にて。〈長崎市・昭和25年・提供＝片山圭弘氏〉

◀**五島高校の新聞部室**　2階講堂裏に部室があった。〈五島市池田町・昭和25年・提供＝片山圭弘氏〉

▶**高校の入試日当日をレポート**　終日の取材に疲れ果てし新聞部員たち。3月7日撮影。〈五島市池田町・昭和25年・提供＝片山圭弘氏〉

◀**新聞部第3回卒業記念**　五島高校北校舎玄関前で　新聞部の3年生たち。（男子8名、女子4名の12名）〈五島市池田町・昭和26年・提供＝片山圭弘氏〉

3 福江島〈旧富江町〉

太平洋戦争の激化した昭和十九年、富江町では一度に九十人宛の召集令状が届いた。終戦を迎えたのはその翌年である。

極端な物資不足、食糧難で人びとの心は疲弊し混乱を極めていた。復員兵や引き揚げ者のごった返す中、人びとは飢餓援助連盟を結成し、餓死者が出ないよう体制を整えた。

葉煙草の耕作や温州ミカンの栽培を開始するなど、産業に力を入れて復興に取り組む一方で、男女共学となった新制富江中学を創立し、長崎県立五島高等学校富江分校（夜間制）も設立、子女の教育にも力を入れている。二十四年には、イワシの豊漁で黄金時代を築き、二十七年は珊瑚漁再開、幼稚園開設、町立病院発足と、発展は続く。よいことばかりではない。イワシの不漁、富江大火による三十六世帯の焼失など、続く数々のアクシデントにもめげず、第一回町民体育祭を開催し町民たちは心意気を見せた。二十八年は、葉煙草売り上げ推定四千万円、田尾鉱山設立、二十九年にはＮＨＫのど自慢大会が公会堂で開催された。

昭和三十年代の国税調査では富江町の人口は一万五千百十二人であった。日水捕鯨富江基地ができ、捕獲した鯨の解体も行われ、賑わいを見せている。また殉国慰霊の塔を建立し戦没者七百五十柱の慰霊祭を行った。

珊瑚船が男女群島近海で新曽根《そね》を発見し、採取珊瑚百五十貫の入札を富江で開催し、大いに盛り上がりを見せた。四十年代には、小学校を鉄筋に新築し、社会福祉協議会設立、保育園開設、高校も分校から、長崎県立富江高等学校として独立した。富江中学校にも三階建て校舎が新築されるなど町の発展が見られたが、またもや集中豪雨による被害で総額五億一千八百万円の痛手を負ったという。

そのような中でも、井穴洞窟に「ドウクツミミズハゼ」が発見されたり、宮下貝塚発掘により縄文中期の遺跡、石器や人骨が多数出て世に注目された。第一回サンゴ祭りも開催（のちに富江まつりに発展、花火大会開催）された。

五十年代に入り、広域圏老人ホーム（只狩荘）が開設され、養蚕が盛んになって養蚕部門で天皇杯を受賞するなどあちこちの畑に桑の木が植えられた。公民館活動も盛んになり、町民のニーズによる講座の開講、講演など生涯教育にも力を入れた。富江町文化協会が発足し、第一回文化祭を開催し大いに町民の興を煽り観客を動員した。

また、各地に多目的集会所や、スポーツ広場が設置され、町制六十周年を祝い、六十年代には企業誘致（縫製工場）を図り、働く婦人の雇用を高めた。農村広場や、テニスコートも完成し、町の発展にともなって町民の暮らしも充実したものとなっていった。

（松崎律子）

▲富江港　港の右手が富江の街。和島（左）、多郎島が並び、彼方に崎山が霞む。〈五島市富江町富江・昭和33年以降・提供＝若田耕平氏〉

▶只狩山より遠望　富江港只狩山（標高84メートル）からは、富江湾に浮かぶ小さな島々が一望にできる。山頂付近は桜の名所としても知られ、作家・新田次郎氏が富江の珊瑚漁を題材とした小説「珊瑚」の記念碑が立つ。〈五島市富江町富江・昭和20年・提供＝若田耕平氏〉

◀正月元旦の黒瀬海岸　キビナ漁の木造船が並ぶ。現在海岸は埋め立てられている。〈五島市富江町富江・昭和32年・提供＝清島康平氏〉

▶**宮山より東を遠望**　明治39年に五島を訪れた仏教哲学者・井上円了は、富江の美しい海浜風景を漢詩にしている。
富江湾上有仙閣
遠近風光五色斑
一望青松白砂外
赤黄黒島映波間
カラフルな富江の海を仙人の住む別世界にたとえ、青松、白砂の先、波間には赤、黄、黒の島が映える、という。〈五島市富江町富江・昭和33年頃・提供＝若田耕平氏〉

▲**富江町の商店街**　古くから「サンゴの町」として知られ、カツオ漁でも栄えた福江島の富江町。これは旧町役場の角辺りから富江神社の方向を見たもの。左奥の瓦屋根の建物が公会堂だが、今はない。〈五島市富江町富江・昭和40年頃・提供＝古本七朗氏〉

▲◀▼富江神社の三百年祭①　300年を記念した例祭の神輿の行列が公会堂前に到着した。富江神社は寛文2年(1662)、富江陣屋を創立した高倉氏が同6年に氏神を勧請、毘沙門天も祭って武社大明神と号し、明治維新に至るまで藩の総社として、富江五島家の崇敬の下に領内全村の崇敬を集めたという。〈五島市富江町富江・昭和30年代・提供＝古本七朗氏〉

◀富江神社の三百年祭② 神輿が富江バス停前を巡幸する。〈五島市富江町富江・昭和30～40年代・提供＝古本七朗氏〉

◀▲富江神社の三百年祭③ 商店街を行く行列。中国の春節に欠かせない龍舞を模した山車らしい。現在の例祭は、10月14～17の4日間。宵祭には富江神楽が披露され、翌15日に祭礼及び渡御。神輿は稚児による曳御神輿、小学生神輿、女神輿、大人の本神輿それぞれが船手町の仮宮（事代主神社）まで渡御する。16日は町内巡幸で、17日に還御（御上り）となる。〈五島市富江町富江・昭和30年代・提供＝古本七朗氏〉

▲富江神社例祭奉納踊記念　昭和 23、24 年の 2 回だけ行った。11 月 15 ～ 17 日、青年会で踊りを練習し、女装して昼間、山車（後ろ）を引き街中を踊り巡り、夜は神輿を担いだ。後ろは中央青年会手作りの山車。〈五島市富江町富江・昭和 23 年・提供 = 若田耕平氏〉

▶奉納踊で女装　富江神社の例祭奉納踊に参加した 18 歳の青年。白塗りだが眉は太い。姉さん被りに手甲、脚絆もつけた本格的なもの。踊り手は神輿にお伴し、手振りよろしく夷様まで道中（道行き）した。「踊り手は子供或いは娘子群に女装の青年達であった」と『富江町郷土誌』に記述がある。〈五島市富江町富江・昭和 23 年・提供 = 若田耕平氏〉

▲盈進《えいしん》小学校の人文字　校庭には児童が「盈小」の人文字をつくる。この年、御手洗校長の下で校歌を制定しているので記念の撮影か。校名には、泉の水が穴を盈《み》たしてから初めて流れ出し海に注ぐように、学問も順序を踏まえて進むことが大事、という孟子の言葉が込められている。〈五島市富江町黒瀬・昭和38年・提供＝民宿鷺美屋〉

◀富江中学校の生徒と教師　2枚とも教師は、将校から教員となった遠藤孝男氏。同教諭は、早稲田から学徒出陣して何度か命拾いしたのち、五島へ青年将校として赴任した。戦後も東京へは帰れず、1年後、重い腰をあげて教職に就く。月給は470円、妻との新居は三畳一間の学校の倉庫だった。背広の新調は月給の3カ月分と高価だったため、卒業写真にも兵隊服と下駄ばきで写る。退職後も、富江町に永住し「数多の教え子が私の勲章です」と。下写真の女子生徒たちも裸足。〈五島市富江町・昭和30年頃・提供＝筑田俊夫氏〉

▲牛でハマグリ採り　田尾の砂浜では、3～4月にかけ、潮が引いた渚を牛で耕すように掘ると、砂地からハマグリがころころと顔を出した。ハゼ科の魚やカニも飛び出し、これは酒の肴にして楽しむ。地元住民にとって貝堀りは春の楽しみであった。耕運機など農機具が機械化され、昭和50年代の終り頃には農耕用の牛がいなくなり、こののどかな情景は見られなくなった。〈五島市富江町田尾・昭和50年頃・提供＝中村九永氏〉

▲公会堂でハワイアンコンサート　富江公会堂で演奏するナレオ・ハワイアンズというハワイアンバンド。ギターでヴォーカルが写真提供者。「南国の夜」やベンチャーズの「ブルドッグ」などがレパートリーでファンも多く、ダンスホールでも演奏していた。〈五島市富江町富江・昭和37年・提供＝山口拓哉氏〉

4 福江島〈旧三井楽町・旧岐宿町・旧玉之浦町〉

三井楽

三井楽町の戦後は、進駐軍の三井楽上陸から始まったと言える。米軍の上陸用舟艇が白良ヶ浜に着いたのは昭和二十三年五月のことであった。約八十人の米兵が京の岳に駐留し始めて三井楽町は小さな基地の町になった。この時、桐の木に米軍の飛行場も造られた。以後、米兵と地元民との間にさまざまな交流が繰り広げられることになる。七十代前半の男性は、三井楽中学校の運動場で米兵のチームと町の青年団チームが野球の試合をしている光景を何度か目にしたと言う。試合が終わった後、米兵がチョコレートやチューインガムを渡していたという。米兵と結婚してアメリカへ渡った女性も多かったようだ。十年以上も前の話であるが、アメリカに嫁いだ女性の孫が祖母の故郷である三井楽町を訪れるということもあった。

町民の生活に大きな変化をもたらしたのは簡易水道給水開始であろう。「水がない三井楽町には嫁にやるな。」と揶揄されるほど渇水に苦しみ、水の確保に苦労していた三井楽町民にとっては、生活が一変するほどの大きな出来事であった。女性や子どもたちにとって、水汲みの作業は大事な仕事であったからである。昭和五十二年には二次離島の嵯峨島《さがのしま》でも簡易水道給水開始が行われ、町内全域すべての家庭に水道が引かれることになった。

戦後の三井楽町に繁栄をもたらしたことの一つとして、東洋一といわれた赤瀬漁場の定置網漁の存在は欠かせないものである。この漁場は八の川の一キロメートル沖にあり、西村団衛門・団助が発見者であり、開拓者である。二百年以上の歴史を持つが、昭和二十年代の数年間は「万越し」の日が続いた。「万越し」とはブリやマグロなど、獲れる魚が一万匹を超すという意味である。町の経済発展に大きく寄与したのはまちがいない。

三井楽町の風物詩として今でも語り継がれていることの一つに、三井楽湾に入ってきたイルカ漁がある。イルカの捕獲は三井楽に人が住み着いた大昔から行われていたらしく、弥生時代中期の貝塚からもマイルカの骨が多数出土している。

昭和二十年代には捕獲数が最も多く一千頭以上獲れることも稀ではなかった。捕獲されたマイルカが二キロ以上の距離がある白良ヶ浜の端から端まで並べられていたのである。

イルカ漁は、沖で見つけたイルカ群を湾まで追い込み、それを網で囲い込んで砂浜に追い立て、弱ったところを銛や包丁で刺すというものである。浜はイルカの血で赤く染まったと言われている。イルカ組合という共同体が組織されていたが、獲れたイルカは組合員以外の地区民にも配分され、生食のほかに、軒先に吊るして保存食にすることもあった。

（上河恵賜）

◀**進駐軍の車両が停まる**　古くは美弥良久《みみらく》と呼ばれ、大陸に向かう遣唐使（南路）の最後の寄港地であった旧三井楽町。終戦直後、進駐軍の戦車や大砲などが小学校の校庭らしき片隅に並ぶ。〈五島市三井楽町・昭和20年代前半・提供＝尾崎善啓氏〉

▲三井楽の白良ヶ浜　広い砂浜は海水浴場にもなっている。左端に三井楽の町場が有りその先に漁港がある。〈五島市岐宿町川原〜三井楽町濱ノ畔・昭和30年代・個人蔵〉

▲白ヶ浜の落日　岐宿から三井楽、その先に嵯峨島を望む。打折教会裏手、打折峠からの撮影か。〈五島市岐宿町川原〜三井楽町濱ノ畔・昭和43年・撮影＝的野圭志氏〉

▲貝津《かいつ》の秋祭り　貝津神社の神輿を担ぐ面々。神社は天照大神の岩戸隠れにちなむという「獅子こま舞」で知られる。例祭は10月の日曜で三井楽では早い時期だが、担ぎ手は減ったため、現在は軽トラックに神輿を載せ、笛太鼓のお囃子とともに集落を周る。〈五島市三井楽町貝津・昭和30年・提供＝尾﨑善啓氏〉

▲貝津の消防出初式　三井楽町消防団第七分団が、団服を購入した際の記念である。〈五島市三井楽町貝津・昭和30年・提供＝尾﨑善啓氏〉

▲▼貝津《かいつ》の野辺送り、埋葬　自宅で葬儀を行い、遺体を土葬するために親族や地域の人が棺桶を担いで運んだ。昭和35年には千人以上の人口があった貝津郷。養蚕、畜産、葉煙草栽培の従事者が世帯の半数を占めていた。上の写真奥の方向に、大漁と航海安全を祈願して建立された魚藍観音像が手に鯛を抱えて立つ。下写真は嵯峨ノ島を西に見る貝津の墓所。〈五島市三井楽町貝津・昭和38年・提供＝尾﨑善啓氏〉

▲浜窄小学校の卒業記念　貝津小学校と波砂間小学校が明治40年に統合されて浜窄尋常小学校が開校。以来、旧三井楽町立浜窄小学校の長い歴史に終止符を打ち、平成31年、五島市立三井楽小学校への統合により閉校した。〈五島市三井楽町貝津・昭和39年・提供＝尾崎善啓氏〉

▲浜窄小学校の学芸会　演し物はかちかち山。〈五島市三井楽町貝津・昭和36年頃・提供＝尾崎善啓氏〉

岐宿

いつの時代に始められたのか定かではないが、昭和戦後の頃も、旧岐宿町川原郷ではシロウオ漁が行われていた。シロウオとは産卵のために海から川を上がってくるハゼ科の魚である。二月から三月の初春、産卵のために大潮に乗って遡上してくるシロウオを二メートル四方の四つ手網ですくいあげる漁法である。

獲ったシロウオは一升一万円の高値で博多の料亭や、遠くは関西方面まで空輸されていた。シロウオは吸い物、おどり食い、天ぷらなどで食される最高の珍味として重宝され、世襲制によって受け継がれていた網代には、毎朝、シロウオを買い求める人が行列をつくるほどであった。この漁は同町内の鰐《わに》川・浦ノ川・一ノ河川・宇里川でも行われていた。

（上河恵賜）

◀岐宿の町から浦の川河口を見る 岐宿湾には、浦の川のほか鰐川、一の川が注いでいる。〈五島市岐宿町岐宿～岐宿町河務・昭和30年代・個人蔵〉

▶岐宿湾入り口の宮小島 当時は潮が引くと陸とつながる島だった。祠が見えるが、空海が権現岳から、岩立三所大権現の祭神であった市杵島姫命、田心姫神、瑞津姫神の三女神を勧請、安置したものと伝わる。現在、島の手前は埋め立てられ、防波堤が伸びている。〈五島市岐宿町岐宿・昭和37年・個人蔵〉

▲岐宿町の入り口・鰐川橋　山内盆地から島を北東に流れる鰐川、その河口近くに昭和 33 年に完成。川の左手には岐宿の町や耕作地が広がる。〈五島市岐宿町岐宿～岐宿町河務・昭和 30 年代・個人蔵〉

▲岐宿町河務の観音前バス停　バス停前から観音鳥居をくぐって観音山参道を登ると、巨岩の脇とその奥の岩窟に大小二体の観音が祀られている。安産、喘息にご利益があるといわれ、お清め、百万遍念仏、読経、お籠りなどに通う人たちがいた。〈五島市岐宿町河務・昭和 30 年代・提供 = 田中熊男氏〉

◀岐宿町の楠原教会　楠原教会前で結婚式の記念写真。明治の末に建てられたレンガ造の教会だが、この4年後、経年の傷みを補修するため会堂の一部から内陣、祭壇にかけて鉄筋コンクリートによる大がかりな工事が行われた。外海のキリシタンが居着いた代表的な地域で、近くに五島崩れの楠原牢屋敷跡がある〈五島市五島市岐宿町楠原・昭和39年・提供＝洗川広幸氏〉

▲渕ノ元の河口でシロウオ漁　シロウオは2～3月にかけ、産卵のため海から川へのぼる。流れの中に生け垣のように柴を立て、集まったところを見計らい、沈めておいた4ツ手網をゆっくり揚げて捕る。漁は満潮《みちしお》にかけての約2時間、多いときは1升枡に2杯ほど捕れる。熱を通すと真白になり、カキ揚げや吸いもので旬の味を楽しむ。〈五島市岐宿町川原渕之元・昭和50年頃・提供＝中村九永氏〉

▲アオノリ採り　海水と淡水が入り交る渕ノ元河口。3月、川底の石に長さ30センチほどのアオノリが生え川面は緑のジュータンを敷き詰めたように見える。大潮の日の潮が引いた約1時間、地元の主婦たちが長靴姿で川に入り、竹製の手カゴに掴みとる。アオノリは天日と春風で乾燥しフリカケや佃煮で春の磯の香りを楽しむ。左端は県立五島南高校。〈五島市岐宿町川原・昭和50年頃・提供＝中村九永氏〉

▲イカのかんびん作り　12～1月にかけて定置網で獲れたマツイカを、徳利に加工する。半乾きのイカに穀類の粟を詰め、形に整え1週間ほど天日と寒風で乾燥させる。これに酒を入れ、炭火の熱い灰の中に入れて燗をする。焼けた徳利は裂いてつまみにし、また酒を楽しむ。昭和50年代までは五島の土産品にもなっていたが、家庭から火鉢や囲炉裏がなくなり、風味豊かな昭和の風情が一つ消えた。〈五島市岐宿水の浦・昭和48年・提供＝中村九永氏〉

◀▼幸木《シャーギ》　昔、海で遭難した人が松ノ木につかまって助かったことから松の枝にサカナや野菜を供えて祀り、新年を迎える行事。生活様式の変化や世代交代などで、昭和の終わり頃には見られなかった。旧山内で。〈五島市岐宿町中嶽・昭和51年・提供＝中村九永氏〉

◀山内小学校で卒業記念撮影　岐宿町立山内小学校の始まりは、中岳小学校と松山小学校が明治39年に統合された山内尋常小学校。しかし平成29年3月末をもって閉校し、川原小学校とともに五島市立岐宿小学校に統合され、校地は楠原に移っている。当時の思い出は「小さな学校の大運動会」と名付けて児童、教師ともに楽しんだこと。海から遠い山内盆地で、水泳は近くの川に入るくらいだったが、在学中にプールができ、校内水泳大会もはじまったことも。〈五島市岐宿町中岳・昭和62年・提供＝片山圭弘氏〉

▲高校の級友と魚津ヶ崎《ぎょうがさき》公園へ　岬にある「遣唐使船寄泊地」の碑の後ろで海を見ながら記念撮影。中国に発つ船が最後に立ち寄った地を示すもので、碑建立に寄せた銘板には、一国の文化のために世界に類を見ない危険な航海をした人びとを忍ぶ、という趣旨が書かれている。〈五島市岐宿町・昭和 49 年頃・提供＝河原幸也氏〉

▲魚津ヶ崎キャンプ場で　岐宿の魚津ヶ崎キャンプ場にて独身会のキャンプ。キャンプファイアーで盛り上がる。〈五島市岐宿町・昭和 53 年・提供＝河原幸也氏〉

玉之浦

昭和三十年〜三十五年頃まで五島の旧玉之浦町では三つの捕鯨会社が近代捕鯨を行っていた。荒川では大洋漁業、布浦では日東捕鯨、小浦では極洋捕鯨が陸揚げしていた。約百キロ沖で泳いでいる鯨をセスナ機などで探して捕獲するのである。荒川で捕鯨を行っていた大洋漁業は、一年間に二二六頭のナガスクジラを捕獲したこともあった。「鯨一頭七浦潤う」と言われた時代であり、捨てるところはないと言われる鯨であるだけに、相当な経済効果があったことが推察される。鯨が捕れた時には、児童、生徒が鯨の解体作業を見学したりスケッチしたりすることもあった。荒川には大洋漁業がクジラを曳き上げていた跡が今も残されてり、往時を偲ぶことができる。

（上河恵賜）

▲▶旧玉之浦町　左手に集落が見える。玉之浦は昭和８年に町制施行。湾は天然の良港で、早くから漁業が盛んだった。大正から昭和にかけて底引網漁船群の根拠地として栄えたが、昭和12年には根拠地が廃止。以後、漁業は一本釣り、延縄漁法が主で、真珠やエビ養殖も導入した。福江市および富江町、三井楽町、岐宿町、奈留町の１市４町が合併して、現在は五島市となっている。地域の大部分が西海国立公園に属する。右写真は大瀬崎岸壁。〈五島市玉之浦町・昭和30年代・個人蔵〉

▲▼大瀬崎灯台　イギリス人のR・プラトンの設計といわれる建物で、明治12年に初点灯したもの。昭和46年に改築され現在の姿に変わる。下の写真では、手前に灯台守りの宿舎の屋根が見える。〈五島市玉之浦町・昭和40年代前半・提供＝古本七朗氏〉

◀七嶽神社　玉之浦町荒川郷の七嶽神社へ初夏のハイキング。観光協会の案内板前で記念撮影。案内板には「800年の昔、平家の落人がこの地に到って七ツ岳山麓で自刃した時、土地の人が公達とその郎党7人の霊を称え氏神と奉賛した」との故事が書かれている。〈五島市玉之浦町荒川・昭和54年・提供＝河原幸也氏〉

▶頓泊《とんとまり》で海水浴　丹奈郷の頓泊海水浴場にて。水がきれいなことで有名な高浜海水浴場から岬を挟んですぐ隣にある浜。こちらも負けずに透明度が高い。この辺りは平成16年、丹奈郷から分かれて頓泊郷となり、さらに半年後、合併により五島市となる。〈五島市玉之浦町丹奈・昭和56年・提供＝河原幸也氏〉

◀学友と　母校で開かれた学芸会に訪れた際に、大宝小中学校に通っていた友達と。中学校を卒業して3年経った頃で、久しぶりに再開したと友と旧交を温めた。〈五島市玉之浦町・昭和32年・提供＝中ノ瀬ルイ子氏〉

◀玉之浦町荒川、母船とキャッチャーボート　玉ノ浦町の捕鯨基地は五島沖でのナガスクジラやイワシクジラマッコウクジラの捕鯨で賑わった。昭和30年、荒川に大洋漁業。同33年、小浦に極洋捕鯨。昭和34年には布浦に日東捕鯨。3社それぞれ解体場を設置し、地元で多数の従業員を雇って操業した。煙突には、○に「は」の文字が見える。〈五島市玉之浦町・昭和40年頃・提供＝五島市教育委員会・所蔵＝山口潔氏〉

▶荒川で鯨の解体①　昭和40年頃、大洋漁業（のちマルハ）の事務所が荒川にあり、30年代初め頃から42年頃まで、この場所を借りて作業していた。〈五島市玉之浦町・昭和40年頃・提供＝五島市教育委員会・所蔵＝山口潔氏〉

◀荒川で鯨の解体②　捕獲した鯨は解体場に運ばれ、作業員が薙刀のような柄の長い包丁で素早く解体する。昭和40年代中頃には捕獲頭数が減少し、捕鯨会社は昭和42～47年にかけて撤退、閉鎖した。〈五島市玉之浦町・昭和41年・提供＝中村九永氏〉

▶ぼくたちの花壇　玉之浦町立大宝小中学校の校庭。花壇造りで「優秀賞」をもらった時の記念写真。〈五島市玉之浦町・昭和42年頃・提供＝河原幸也氏〉

◀▼大洋漁業荒川事業所を社会見学　大宝中学校の1年生が授業のための見学に来た。左写真に写る煙突には、◯に「は」の文字が見える。〈五島市玉之浦町・昭和42年頃・提供＝河原幸也氏〉

◀荒川の旅館「七岳荘《ななだけそう》」にて　福江から家族で荒川温泉へ旅行のひとコマ。荒川で温泉が発見されたのは大正期と、それほど古くはないが、海を間近に望む景観と相まって当時から人気の観光地だった。〈五島市玉之浦町荒川・昭和48年頃・提供＝松井幸子氏〉

▶大宝小学校の卒業式　南松浦郡玉之浦町立大宝小中学校。当時は小、中まとまった大宝小中学校。その小学校の第22回卒業記念。平成2年東小学校、七岳小学校と統合し、平成小学校が開校する。戦後の一時期は校舎不足のため2年生が公民館、1年生は神社で授業を行っていたという。〈五島市玉之浦町・昭和44年・提供＝河原幸也氏〉

◀大宝中学校の卒業式　写真には「玉之浦町立大宝中学校・第25回卒業記念」とある。小中学校のため、ほぼ同じ顔ぶれ、同じ体育館での卒業式。同校は平成2年、東中学校、七岳中学校と統合し、平成中学校が開校する。〈五島市玉之浦町・昭和47年・提供＝河原幸也氏〉

◀海岸の綱引き①　農業、漁業の島では、年間の好天と大漁、豊作を願う行事が年始めに多い。大宝《だいほう》の綱引きは1月11日「西ノ高野山」大宝寺の初祈祷の際に行われるもので、まず地区内総出で昨年のシメ縄を芯に入れて長さ50メートルほどの綱をつくる。写真は午後5時、境内に丸く積み上げた綱に安全祈願する住職。〈五島市玉之浦町大宝・昭和56年・提供＝中村九永氏〉

▶海岸の綱引き②　海岸に綱を運び男女に分かれて引きあう。〈五島市玉之浦町大宝・昭和50～60年代・提供＝中村九永氏〉

◀海岸の綱引き③　幼児や高齢者も参加して引き合い、男子の勝ちは豊作、女子の勝ちは大漁と言われる。〈五島市玉之浦町大宝・昭和50～60年代・提供＝中村九永氏〉

▶農道の綱引き①　農業（稲作、畜産）の地区、幾久山の綱引きは、1月23日に行われる。前年に収穫した稲ワラを持ち寄り、山のカズラを芯に入れ長さ50メートルほどの大綱を作る。〈五島市玉之浦町幾久山・昭和55年・提供＝中村九永氏〉

◀農道の綱引き②　綱引きは、午後4時過ぎ農道で行われる。まず地区の役員が綱の中央に椿の枝を挿し御神酒を供えて綱引きの安全を祈願する。〈五島市玉之浦町幾久山・昭和55年・提供＝中村九永氏〉

▲農道の綱引き③　地区民総出で男女に分かれ、大綱を引き合って男性軍が勝てば豊作、女性軍が勝てば家内安全と言われている。〈五島市玉之浦町幾久山・昭和55年・提供＝中村九永氏〉

▶大宝地区の女正月①　半農半漁の大宝地区で1月24日夜は、男子禁制の女正月の日。1月下旬は農業、漁業ともに暇になり、女だけで骨休めをする。まず「子育て地蔵」「願かけ地蔵」として信仰を集める地蔵堂に、主婦や母娘連れがお参りし、うどんやソーメンを供えて子どもの無事成長、家内安全を願う。〈五島市玉之浦町大宝・昭和57年・提供＝中村九永氏〉

◀大宝地区の女正月②　このあと、毎年持ち回りで宿元《やどもと》と呼ばれる宴会場の家に10人ほどのグループで集まり、ごちそうの膳を囲んで談笑、酒がすすむと歌や踊りで夜更けまで賑わう。宴の間、夫たちは友人宅や、留守番で静かに過ごす。かつて宿元は5軒あったが少なくなっている。〈五島市玉之浦町大宝・昭和57年・提供＝中村九永氏〉

▶言代主神社秋祭の夜神楽　大宝公民館の広間を拝殿にして、宵祭の神楽舞が奉納される。巫女の「市舞」から始まり大漁を願う「大黒舞」（写真）や豊作感謝の「出来舞」など五島神楽約20番を舞う。笛、太鼓に誘われ見物の中から飛び入りで即興的な舞も披露され、歓声や拍手の中、夜遅くまで続いて翌日の本祭を迎える。〈五島市玉之浦町大宝・昭和57年・提供＝中村九永氏〉

◀椛島《かばしま》・本窯《もとがま》港　島の北側、本窯町の港。一時はイワシ漁の揚繰船団がひしめいていた港内だが、数は減っている。島の西、伊福貴《いふき》町も港の周辺に大きな集落があり、２つの港を結ぶ道沿いに北から越首、竹浦、首ノ浦、長刀、隠崎、また海岸沿いに永田、野崎、毛吹、さらに伊福貴の山越しに、焼山、続いて東海岸に大小瀬、芦ノ浦などの小集落が点在した。古くは「樺島」の表記だったが、県内にある別の樺島との混同を避けるため「椛島」が使われるようになったという。〈五島市本窯町・昭和53年・提供＝河原幸也氏〉

▶椛島中学校で　門柱に「福江市立本窯中学校」とある。同校は昭和40年に伊福貴中学校と統合し椛島中学校、さらに平成30年度から福江中学校椛島分校となった。〈五島市伊福貴町・昭和53年・提供＝河原幸也氏〉

◀椛島・伊福貴の水害　集中豪雨の被害を受けた伊福貴の町と港。原因は台風くずれの熱帯低気圧と梅雨前線で、福江測候所の時間雨量は過去最高を更新した。〈五島市伊福貴町・昭和42年・提供＝五島観光歴史資料館〉

▲嵯峨ノ島、空撮　島の西側手前、女岳上空より北の方向に男岳を望む。カトリック教会と念仏踊り「オーモンデー」で知られる島は、ほぼ全域が西海国立公園特別保護地区または特別地域。ひょうたん形のくびれた右あたりに集落があり、写真では嵯峨島漁港の栈橋が突き出している。〈五島市三井楽町嵯峨島・昭和 52 年・提供＝中村九永氏〉

▲**女島《めじま》**　男女《だんじょ》群島は福江島の南、約70キロに位置し古い歴史をもつ。その南の女島は、灯台守家族の暮らしを描いた映画『喜びも悲しみも幾歳月』の舞台にもなった。これは太平洋戦争末期、灯台や無線、起床施設を銃爆撃するため飛来した米軍機からの撮影。女島南側の灯台宿舎や円形銃座が写真手前に写る。〈五島市浜町・昭和20年・提供＝五島文化協会〉

▲番岳から見た黄島港　番岳の噴火でできた岸壁が黄色がかっていることから名づけられたという。玄武岩質の特殊な地形で熔岩トンネルも観光スポットになっている。最近は猫の島としても知られる。〈五島市黄島町･昭和41年･撮影＝的野圭志氏〉

▶黒島の洞窟〈五島市富江町黒島・昭和40年代・提供＝古本七朗氏〉

フォトコラム

漁業に生きた島人たち

福江島の奥浦の半泊《はんとまり》と三井楽の高崎の二集落には、「クロ追い込み漁」の漁法が伝わっている。この漁法はとてもユニークで、湾が北向きで、湾の直ぐ脇にそそり立つ高台（見張り小屋を構える所）があり、湾に入るクロの魚群の動きが手に取るように見えなければ、できないものなのである。この条件を満たす湾は極く少ないようだ。

その条件から考えると、まず、半泊が早く取り組み、高崎がその後に続いたという仮説が成り立つように思われる。なぜなら、半泊では湾岸にそそり立つ山の中腹に見張り小屋を構える事が容易だからで、一方の高崎は湾岸の高台が低く、高台に電信柱のような高い木を立ててその上に見張り小屋を構えねばならないことから、容易に取り組めなかったと思われたからだ。しかし一方で、漁の規模の大きかった高崎で行われていた方法を半泊でも導入したのでは、という意見もあり、結論は微妙である。

いずれにせよ、半泊での取り組みは、周辺の集落に声掛けして、賛同した十戸ばかりの世帯が会を作り、新年会で話し合い、貧しい中、いろいろな道具を持ち寄り、様ざまな困難を乗り越えてのスタートとなった。網での囲いが遅れて逃げられ失敗したり、魚群がなかなか現れないという日もあったりしたが、大漁の日には老若男女が喜び合ったという。

一方、大串（奈留）の浜や田之浦（久賀）の浜のキビナゴ網引き漁は、地域の人たちにとってかなりの収入源となった。

玉之浦の大宝のブリ飼い付け漁や三井楽の赤瀬漁場の定置網は大規模で、特に赤瀬漁場では巨万の富を稼ぎ出したと言い伝えられている。

以上のように大小様々な取り組みが見られたが、今思うことは、島の漁師の漁法も発想も改良も、その裏に、五島の漁師の貧しくても、厳しい自然に立ち向かい、地域の役に立とうという志が見え隠れすることだ。また、過疎化や漁業不振でせっかくの素晴らしい取り組みが消えようとするのは忍び難いことである。

（松本作雄）

▲**朝の福江港**〈五島市東浜町・昭和31年・撮影＝的野圭志氏〉

▲荒川港に舫いひしめく延縄船　飛び移りながら陸へがあるためか？　明るいうちはよし、ほろ酔い千鳥足では危ない。暗黙の出漁時刻など了解事項がないと、こんな舫い方は無理である。港の対岸には荒川小学校が見える。船団は、時化《しけ》ると福江まで繰り出していた。〈五島市玉之浦町・昭和31年・撮影＝的野圭志氏〉

▲大浜海岸でワカメのくちあけ①　「くちあけ」とは解禁のこと。五島の磯では春の大潮（3月1日）にワカメが解禁となる。大浜海岸でも漁協組合員とその家族らが、12時すぎから海際に待機する。そして午後1時、漁協職員が降り下ろす旗を合図に一斉に採り始める。〈五島市浜町・昭和50年代・提供＝中村九永氏〉

▲▶▼大浜海岸でワカメのくちあけ②
干潮の約2時間、20～50キロほどのワカメを鎌で刈り、海岸に組んだ干し竿で天日干しにする。乾燥保存したワカメは約1年、酢ものやみそ汁の具に使われれる。ワカメやヒジキなどの収穫は、昭和の終り頃から激減した。解禁の旗振りやワカメの天日干しなど春の風物詩がなくなった。〈五島市浜町・昭和50年代・提供＝中村九永氏〉

▲**半泊《はんとまり》のクロ追い込み漁①**　福江島の北東、半泊湾では12月、クロ追い込み漁の最盛期を迎えた。冬が旬の魚・クロ（メジナ）は荒波の田浦《たのうら》瀬戸を回遊するので、湾内を通過する群れを狙う。漁師は地元・半泊と隣地区・鯳網代《きびなごあじろ》の合わせて7軒、15人。寒風の海岸で、焚き火で暖をとりながらクロの群れを待つ。〈五島市戸岐町半泊・昭和55年・提供＝中村九永氏〉

▲▶**半泊のクロ追い込み漁②**　海面から高さ約50メートル、湾を見下ろす、山の中腹の見張り小屋で「山見」がクロの群れを見つけるとハンドマイクで知らせる。右写真は、この道50年の故・浜崎政蔵さん。〈五島市戸岐町半泊・昭和55年・提供＝中村九永氏〉

▲◀▼半泊のクロ追い込み漁③　海岸で待機していた「網入れ」の4人が、櫓こぎの木船にとび乗り、「山見」が振る白い旗の合図に合せて船を進め、網入れしながらクロの群れを追い込む。このあと全員が力を合わせ、岸に網を引き寄せて水揚げする。〈五島市戸岐町半泊・昭和55年・提供＝中村九永氏〉

▶▼半泊のクロ追い込み漁④　魚群を見つける「山見」と群れを追い込む「網入れ」は長年の経験と勘が頼りだが、この地区でも高齢化と跡継ぎ不足は悩みの種。五島の伝統漁法の一つ、半泊の「クロ追い込み漁」は昭和60年代始めに途絶えた。〈五島市戸岐町半泊・昭和55年・提供＝中村九永氏〉

▲黒瀬沖のキビナ漁　キビナ船は夜2時頃出港し、10分から20分ほど沖合の漁場に向かう。漁場の海中に集魚灯を入れ、集まるキビナ（キビナゴ）を専用の「キビナ刺し網」で捕る。作業は移動しながら夜中までつづき、日の出頃に港に帰る。キビナは資源保護のため、産卵期の6、7月の2ヶ月間は禁漁。体長10センチほどでキラキラと銀色に輝くキビナは、11月から2月にかけて寒い時期が旬。刺し身や天ぷら、田楽、郷土料理のしゃぶしゃぶ風「いりやき」は、五島では冬の味として親しまれている。〈五島市富江町・昭和56年・提供＝中村九永氏〉

▶▼富江町小島のカラスミづくり　マボラ（真鯔）の腹を注意深く切り開き、300～400グラムのマコ（卵巣）を、膜を破らないよう丁寧に取り出すことを、マコ出しという。マコの形を整え、12月上～中旬にかけて天日に干す。小島社中のカラスミ完成品。（※カラー口絵viiページに関連写真あり）〈五島市富江町・昭和58年頃・提供＝中村九永氏〉

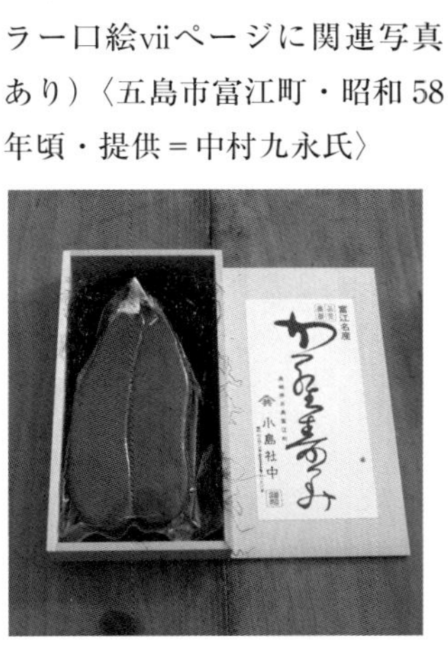

▶▼飼い付けブリ漁　大宝《だいほう》漁港から南沖合へ約２キロの漁場に撒餌《まきえ》を行い、回遊のブリを足留めしておいて一本釣りで釣り上げる。この「飼い付けブリ漁」は大宝漁協の自営事業である。**右写真＝**早朝、港で１日分の撒餌である冷凍カタクチイワシ約600キロ（15キロ×40箱）を砕いて解凍、木造船・第３千代丸（19.9トン）に積み込む。**下写真＝**午前７時、港を出発。漁場に着くと撒餌し、一本釣りの仕掛けを再チェックする。**右下写真＝**船長を含む12人が、左舷側にならび、ウルメイワシを餌にして釣り始める。〈五島市玉之浦町大宝・昭和57年・提供＝中村九永氏〉

◀次つぎと大物が　釣り糸に「あたり」を感じると、水深約50メートルから道糸《みちいと》をたぐり寄せ、５～７キロのブリを次つぎと釣り上げる。ブリ漁の期間は９月末から年末まで。釣り上げたブリは港内の生け簀《す》で畜養し、年の瀬に正月ブリとして販売される。〈五島市玉之浦町大宝・昭和57年・提供＝中村九永氏〉

▼滝ヶ原の海岸でのキビナ漁①　ホラ貝の合図で村中の人が一斉に網を曳く。〈新上五島町間伏郷・昭和38年・提供＝宮田又壽氏〉

▲滝ヶ原の海岸でのキビナ漁②　漁から帰ってきてキビナ網を干す。キビナ網の手入れ。〈新上五島町間伏郷・昭和 40 年頃・提供＝宮田又壽氏〉

▲若松港に漁船が避難　台風の予報で大小の漁船が避難した港内。〈新上五島町若松郷・昭和 39 年頃・提供＝宮田又壽氏〉

▲奈良尾港から出航した木造の巻き網船　魚群を発見すると風や潮流も考えながら大きく囲い込むように網を投入する。網を曳くとアジ、イワシ、サバなど大漁が続いていた時代。〈新上五島町奈良尾郷・昭和 30 年頃・提供 = 神德妙子氏〉

▲網の目から抜け落ちる魚　豊漁を見守る表情は明るいが、海に出れば「船板１枚下は地獄」といわれるように危険は常について回る。また気象、海象など自然の影響を直接受けて船体は動揺し、大きな漁労機械に囲まれた作業場所は狭い。事故の要因も多く厳しい仕事であったという。〈新上五島町奈良尾郷・昭和30年頃・提供＝神德妙子氏〉

▲漁船の寄港地として賑わう寺島港　寺島は宇久島・神浦港の西3.5キロにある島。島中央の北側の湾は天然の良港で、近くに漁場もあるという恵まれた立地で、当時は小学校や商店街、遊郭もあった。〈佐世保市宇久町・昭和20年代・提供＝宮﨑吉男氏〉

▲旧若松町荒川郷の造船所　奈良尾の巻き網船・太洋丸を新造中。〈新上五島町荒川郷・昭和 32 年・提供＝増田忠彦氏〉

▲旧奈良尾港に停泊する巻き網本船〈新上五島町奈良尾郷・昭和 29 年・提供＝神德孝子氏〉

5 奈留島・久賀島

五島列島は、核になる五つの島が行儀よく並び、その周囲に百以上もの小さな島々が点在して一体となっていることからこの名で呼ばれている。五島列島の中央の奈留島とその南隣の久賀島《ひさか》は、同じくらいの大きさの小ぶりな島だが、島の姿、産業、歴史は大きく異なる。

まずは奈留島だが、大ダコの八本の足がのたうち回るように見える複雑な形で、深い入り江がいっぱい。島内一周道路から眺める海岸風景はどこも絶景で、海面は青く澄み切って見飽きることがない。奈留島近海は対馬海流が流れ、好漁場が多く、小型巻網船の基地港が五カ所もある。また島のあちこちに、一本釣りの船が目立つ小漁港が多く、これが素晴らしい風景を成している。

戦中、戦後の食料不足はちょうど豊漁期と重なり、この島では近隣の島々から出稼ぎにきた船員や女工さんも多く、人口が一万人近くにも膨れあがり、好景気で賑わっていた。島の経済も文化等の活動も漁業関連の人々と島民の協力で成り立っていた、まさに「漁業の町・奈留」として県下にその名を馳せていた。島には魚屋さんが一軒もなくとも、お裾分け文化で何の不自由もなく自給自足できることが自慢であった。

大ダコの足がのたうつような島の形

一方、久賀島は、北向きに開港する大きな入り江が島の中心部まで切れ込んでいる丸っこい形の島で、かなり高い青々とした山々が連なり、山林と水に恵まれていた。数少ない漁港では漁業は細々で頼りなく、島の中心産業は農業が担っている。山間の谷間からの豊かな水を生かして棚田がそこかしこに開かれ、自慢の美味しい久賀米が生産されていた。そのため、「島内で食料自給が可能な島」が出現していたのである。また、この島には椿林が多く「日本一の椿の島」として知られ、椿油販売の収入もかなりのものであったようだ。この両島が似ている点は、どちらも潜伏キリシタンの多い島として知られていることと、世界遺産の教会として、奈留島には「江上天主堂」が、久賀島には「旧五輪教会」があることである。

両島ともにカクレキリシタン系の人が多い島でもあるが、明治初期のキリシタン大弾圧の際には、久賀島では過酷なキリシタン迫害があって多数の殉教者も出たのに対し、奈留島ではほとんど迫害は起きず、平穏だった。なぜこのような大きな違いが出たのか?の答えの一つとして、久賀島のキリシタンの多くは団結し、「お役人の言うがままだったらどうにもならない。キリシタンであることをおもてに」と、役人と衝突してしまったが、奈留島のキリシタンの人々は、表だった衝突を避けたことが窺える。そこには漁師として暮らしを立ててきた生業が大いに関わっていそうであるが、隣り合わせの島の風土の違いゆえなのか、今後の研究が待たれる。

（松本作雄）

▲奈留島港　南から北を見る。写真中央が奈留島港。写真には写っていないが港の手前（写真下）に前島と末津島があり、これが天然の防波堤となり穏やかな泊地となっている。昭和51年にフェリーの接岸ふ頭が完成している。〈五島市奈留町浦・昭和52年～54年頃・提供＝中村九永氏〉

◀**大串の野首で**　埋め立て前の海岸で家族とともに。〈五島市奈留町大串・昭和50年頃・提供＝植木良尚氏〉

▶**泊の千畳敷へ**　さくら保育園の遠足で訪れた。舅ヶ島海水浴場と小島を繋ぐ岩礁で、千枚の畳が敷けそうなほど広いことから「千畳敷」と呼ばれる。現在は観光スポットとなっているが、学校の遠足地としても親しまれた。〈五島市奈留町泊・昭和43年頃・提供＝植木良尚氏〉

◀**成人式の祝いの宴**　奥居旅館にて。同旅館は昭和25年から続く老舗。〈五島市奈留町浦・昭和35年頃・提供＝植木良尚氏〉

▶奈留中学校校舎を背に　体育祭の応援に来た保護者たち。背後の校舎は昭和43年に完成したもの。平成20年に小学校と併設となり、同23年に新校舎が建ったため、この校舎は解体された。〈五島市奈留町浦・昭和60年・提供＝植木良尚氏〉

◀▼さくら保育園の運動会　同園は昭和21年、桜愛児園として開設された。当時は教会堂の一部を保育室に充てていた。同25年に保育所が完成し、名称もさくら保育園と改称。63年に現在地に移転している。左写真はかけっこ、下写真は親子競技のようすであろう。〈五島市奈留町浦・昭和52年・提供＝植木良尚氏〉

▶植木商店にて　写真の人物は先代の主人。酒やたばこなどを扱う雑貨店である。〈五島市奈留町浦・昭和48年・提供＝植木良尚氏〉

▲奈留神社の例大祭　祭りは鳴神鼻への参拝から始まる。神輿を乗せた船の一団が笛や太鼓の音を響かせながら渡御する姿は勇壮であり、かつては弁天島の周囲を7回まわるのが習わしであった。その後、陸へ上げられ、神輿は町内を練り歩く。写真は子ども神輿で参加した女の子。〈五島市奈留町浦・昭和52年頃・提供＝植木良尚氏〉

▶納涼祭りの打ち上げ花火　奈留町における夏最大のイベント、納涼祭りで打ち上げられる。商工会青年部の運営で行われていた。平成10年から奈留町夏まつりと改称している。奈留小学校の校庭にて。〈五島市奈留町浦・昭和60年頃・提供＝植木良尚氏〉

▲久賀島と福江島　B-29の偵察で撮影された久賀島（左）と福江島（右）。久賀島は盆地状に湾入した凹型の形状をした島で、写真でも北から南へ深く湾が入り込んでいるのがよくわかる。「ひさか」と呼ぶが「ひさが」と発音する古老もいた。〈五島市・昭和20年・提供＝五島文化協会〉

▲久賀島へ貝掘りに　3月初旬、職場の同僚と貝掘りに訪れた時の一枚。
〈五島市久賀町・昭和56年・提供＝河原幸也氏〉

▲集落外れの風景　田ノ浦港からほど近い、旧田ノ浦小学校の教師宅。小学校は木造平屋建ての校舎で今もある。赴任してきた教員の思い出は「集落から少し離れていたが、小鳥の声で目覚め、目前の海で貝や魚が取れる気持ちいい環境だった」という。児童や父兄も気軽に遊びに訪れた。背後の山も近くイタチが家に迷い込んできたこともあったという。〈五島市田ノ浦町・昭和54年頃・提供＝片山圭弘氏〉

▲田ノ浦小学校の児童たち　当時、複式校で全校児童約20人だった。写真は学校農園でさつまいもの収穫をした4、5、6年生の9人。昭和62年に久賀小学校に統合され廃校となり、現在は久賀島全域の久賀小中学校に再統合されている。〈五島市田ノ浦町・昭和55年・提供＝片山圭弘氏〉

6 上五島

①〈中通島北部～旧上五島町・旧新魚目町・旧有川町〉

昭和三十年代まで中通島では、湾内渡海船が唯一の海の公共交通機関であったが、昭和四十年代から中通島縦貫道ができ、昭和の時代に、南は奈良尾、北は津和崎まで現在のようにバスが全線開通となった。

上五島地区は、他県各地からの家船・漁業者が集まり、青方町は、昭和三十一年浜ノ浦町と合併して上五島町となり、埋め立て開発が進み、商店・公共施設など現在の町並みができて中心部となった。

昭和五十六年、賛否両論の対立もあったが、青方湾域の小島を仕切り内湾とし、世界初の洋上国家石油備蓄基地が建設された。現在、対策基金で石油備蓄会館が建設され、税収もあり町の経済も上向いた。同じ頃、有川港も大規模に埋め立てられ、中筋商店街周辺も拡大した。昭和後半になると有川湾の奥に位置する浦桑の浜も埋め立てられ、時代に沿った大型店舗が並び、各地区の過疎化に伴う人口減少の始まりと共に中通島の商業の中心地へと移行した。

三次産業がないため、古くから有川湾内の定置網漁業と鯨漁、奈摩の以西底曳き網漁、奈良尾のまき網漁などが盛んとなり、五島近海を回遊する鯨の数が減ると、有川湾では、イルカ漁が盛んに。昭和三十五年二月などのイルカが大量に追い込まれた時は、現在の特養「つばきの里」敷地がイルカの引き揚げ場で、浜に並べられたイルカに乗ってを鰭《ひれ》を切り落とし、ガムのように噛んで遊んだ。

南氷洋捕鯨が盛んになると乗組員には有川出身者が主に雇用された。「鯨船《げいせん》乗り」と呼ばれ、カーキ色の作業服姿で町中を闊歩しもてはやされた。昭和二十年代後半から昭和四十年にかけては、上五島では八百人近い青壮年者が日水・極洋・大洋漁業の航海で高収入を得ていた。

集団就職時代に入って専業農家も少なくなったが、畜牛の飼育も盛んで牛市が立つほど盛況の時があった。山頂近くまで耕して登る段々畑農業の耕作・収穫・運搬作業は、全て人力で、大八車、リヤカーで下肥や海藻を拾って肥料としていた。僅かな収入を得るために養蚕に励み、熨斗《のし》イカの天日干し作業では、一升瓶で一枚ごとに重石をかけて圧延し、商品化するなどしていた。その頃の昭和四十年、有川出身の横綱・佐田の山が誕生し相撲熱が高まった。

昔から各家庭で、自家食用のカタシ油（椿油）のために椿実を収穫していたが、昭和四十八年新魚目振興公社が設立され、カタシ（椿の種子）の買付けが始まり、搾油工場の建設と国民宿舎や大型ホテルの建設も重なって旅行者が多くなり、椿油製品の土産品の販売が伸び、現在に続いている。

（前田賢實）

▲青方郷を俯瞰する　南から北方向を撮影。写真中央は青方郷の中心地であり、建物が密集する。左端に青方港が、右端には青方小学校が見える。〈新上五島町青方郷・昭和52年～54年頃・提供＝中村九永氏〉

◀**交通安全パレード**　高度経済成長期を迎えると自動車の数が急増し、道路交通弱者である歩行者、特に子どもが犠牲となる事故が続発した。そのため交通安全の啓蒙活動の一環として、各所でこうしたパレードが行われた。写真は青方郷のつばき通りを行く、青方小学校児童による鼓笛隊パレード。〈新上五島町青方郷・昭和 47 年・提供＝青方小学校〉

▶**出初式**　国道 384 号を行く出初式の一団。子どもたちによる鼓笛隊が先頭を行く。右に旧青方町役場が建っている。〈新上五島町青方郷・昭和 62 年・提供＝青方小学校〉

◀**青方の街並み**　現在の A コープ青方店前から北を撮影。青方小学校の駅伝の最中で国道 384 号の沿道には応援へ駆けつけた人びとが並んでいる。〈新上五島町青方郷・昭和 48 年・提供＝青方小学校〉

▶町なかを快走①　青方小学校の駅伝で児童らが天神交差点の市川商会前を行く。道路は舗装されておらずぬかるんでいる。〈新上五島町青方郷・昭和46年・提供＝青方小学校〉

◀町なかを快走②　国道384号の釣道川の橋上から西を見る。ゴールは目前。手前の2人は最後の力を振り絞り、接戦を繰り広げる。〈新上五島町青方郷・昭和41年・提供＝青方小学校〉

▶石油備蓄基地　入江に富み、比較的平穏な湾の活用の一環として、洋上石油備蓄基地の建設が昭和59年から進められた。穏やかな海域を確保するため、折島と拍島の間に防波堤を設け、その東隣に貯蔵施設を建設し、同63年に完成した。〈新上五島町続浜ノ浦郷・昭和63年・提供＝青方小学校〉

◀**船崎の浜**　穏やかな波の、遠浅の海岸で現在も夏になると海水浴客で賑わう。砂浜に座る子どもらは青方小学校の児童たち。〈新上五島町船崎郷・昭和46年・提供＝青方小学校〉

▶**青方小学校第一回卒業生**　明治7年開校の伝統校である。背後の木造校舎は昭和10年に建設されたもので、現在の新上五島町総合福祉センター北に建っていた。〈新上五島町青方郷・昭和23年・提供＝青方小学校〉

◀**青方小学校の教員たち**　校門にて。左の黒板には当時の時事ニュースが書かれている。〈新上五島町青方郷・昭和28年・提供＝青方小学校〉

▲青方小学校にて水泳指導　昭和45年に現在地に校舎を移転し、新しくなったプールで水泳の授業を受ける。旧校舎には簡易プールが設置されていた。〈新上五島町青方郷・昭和47年・提供＝青方小学校〉

▲相撲大会　青方小学校で行われた校内相撲大会。土俵も作られ本格的である。〈新上五島町・昭和47年・提供＝青方小学校〉

◀浦桑湾　昭和60年から埋め立て工事が開始され、風景は一変した。現在手前付近に県道32号が通っている。〈新上五島町浦桑郷・昭和20年代後半・提供＝山口道隆氏〉

▶浦桑郷の風景　段々畑や曹洞宗の常楽院の屋根が見える。白い線のある屋根は中口医院。〈新上五島町浦桑郷・昭和40年頃・提供＝山口道隆氏〉

◀小串郷の風景　小串神社裏の山から南方向を撮影。この地名は集落の北にある小串鼻が、隣接する立串鼻より短いことから「小串」と付けられたと言われる。〈新上五島町小串郷・昭和30年頃・提供＝五島小串簡易郵便局〉

▲榎津郷の港と街並み　榎が多い地域だったためこの名が付いたといわれる。かつては海岸が入り込んでいたが、時代が下るにつれ埋め立てられ、海岸線が張り出していった。大正11年から昭和3年にかけて行われた波止の工事では併行して埋め立て工事も行われ、地元住民も総出で手伝ったという。奥に榎津神社の屋根が見える。〈新上五島町榎津郷・昭和40～50年代・提供＝新上五島町教育委員会〉

▶魚目村役場の吏員たち　元旦に撮影した記念写真。魚目村は明治22年に発足。昭和31年に北魚目村と合併し、町制施行して新魚目村となっている。〈新上五島町榎津郷・昭和29年・提供＝浦秀夫氏〉

▲校舎建設に励む①　上五島高校建設のために生徒が資材を運ぶ。向こうの橋は板浦橋。昭和 28 年に第一期工事が竣工している。〈新上五島町浦桑郷・昭和 26 年頃・提供 = 山口道隆氏〉

▲校舎建設に励む②　バケツリレーで屋根の上へ瓦を上げる。昭和 29 年に第二期工事が竣工し、同 30 年に落成式が行われている。〈新上五島町浦桑郷・昭和 26 年頃・提供 = 山口道隆氏〉

▲魚目小学校　昭和4年、似首、榎津の両小学校を統合し、魚目尋常小学校として設立された。同6年に離島では日本初となる鉄筋造の校舎が新築され、近隣住民の耳目を集めた。写真は第6回卒業生。〈新上五島町榎津郷・昭和28年・提供＝浦秀夫氏〉

▲新魚目町栄養教室修了記念　社会教育活動の一環として行われたのであろう。修了者のほとんどが着物姿である。〈新上五島町榎津郷・昭和43年・提供＝浦秀夫氏〉

▲◀魚目中学校　昭和22年、魚目小学校を仮校舎として設立。翌23年に4教室の二階建て校舎が落成し、さらに翌年にも新校舎を建設している。写真はどちらも卒業生たち。〈新上五島町榎津郷・上：昭和29年、左：昭和31年・提供＝浦秀夫氏〉

▶北魚目中学校　昭和24年、28年にそれぞれ落成した校舎に挟まれて、同37年に完成した鉄筋コンクリート造二階建て校舎が建つ。運動場には人文字で描いた「北中」の文字が浮かび上がる。〈新上五島町小串郷・昭和30年代後半・提供＝五島小串簡易郵便局〉

▲迷い込んだクジラ　小串魚港にクジラが迷い込んだ。そのようすを見ようと大勢の人びとが集まっている。〈新上五島町小串郷・昭和 30 年頃・提供 = 五島小串簡易郵便局〉

▲浦桑湾でイルカ漁　当地でのイルカ漁は古来から行われており、永和 3 年（1377）の青方文書には「ゆるかあみ」としてその名がすでに記されている。写真では浅瀬に追い込まれ、暴れるイルカを漁師が捕えようとしている。〈新上五島町浦桑郷・昭和 20 年代後半・提供 = 山口道隆氏〉

▲敬老会のお祝い〈新上五島町榎津郷・昭和54年・提供＝浦秀夫氏〉

◀縁側で　母子のスナップ写真。寒い日であろう、母子ともに着込んでいる。〈新上五島町丸尾郷・昭和41年頃・提供＝名切佐年氏〉

▲丸尾郷を行く　丸尾郷の名は北西部に控える番岳から有川湾への地形がゆるやかな台地となっていることからその名がついたと伝えられる。みかん箱を担いで歩くのは提供者の父。〈新上五島町丸尾郷・昭和50年代・提供＝名切佐年氏〉

▲石垣の家　新魚目町は平地に乏しく、斜面を削って家を建てた。〈新上五島町丸尾郷・昭和35年頃・提供＝名切佐年氏〉

▲▼榎津港でペーロン大会　丸尾、似首、榎木津、浦桑各地区から6艘の船が出て競った。上写真では後ろに竹ノ子島が見える。〈新上五島町榎津郷・昭和50年代・提供＝名切佐年氏〉

▲空から見た有川郷　南から北を望む。中央右付近で大川（上）と木場川（下）が合流し、有川港に流れ込む。中央やや上に有川中学校が、右下端に有川小学校が見える。〈新上五島町有川郷・昭和52年～54年頃・提供＝中村九永氏〉

▲鯛ノ浦港全景①　北を望む。埋め立て整備前の風景で、現在海岸線に沿って通っている県道22号もまだない。〈新上五島町鯛ノ浦郷・昭和22～25年頃・提供＝坪井隆治氏〉

▲鯛ノ浦港全景②　南東から北西方向を撮影。右の小島は、鯛ノ浦神社が鎮座する三角島。〈新上五島町鯛ノ浦郷・昭和 25 年頃・提供＝坪井隆治氏〉

▶阿瀬津郷　鯛ノ浦郷から鯛ノ浦を挟んで、阿瀬津郷を見る。〈新上五島町阿瀬津郷・昭和 25 年頃・提供＝坪井隆治氏〉

▲鯛ノ浦湾　上写真からさらに右、東方向を向いて撮影。断層によって形成された湾で深水も深く、近年では真珠やカキ、ワカメなどの養殖が行われている。五島さのさの一番は「長崎をちょいと出れりゃ〜五島の鯛ノ浦…奈良尾の浜をば横にみて佐尾鼻、椛島…」と唄う。昭和初期まで五島航路定期船は深夜 12 時に長崎港発、夜明けに鯛ノ浦に入港して福江港へ。左端に阿瀬津郷の集落が見える。〈新上五島町鯛ノ浦郷・昭和 25 年頃・提供＝坪井隆治氏〉

▲青砂ヶ浦の海岸へ遠足　海岸で記念撮影。写るのは鯛ノ浦養護施設の子どもたち。〈新上五島町奈摩郷・昭和40年代後半・提供＝鼻﨑貴広氏〉

▲矢倉岳の展望台　標高384メートルあり、山頂からは四方に絶景が広がり、上五島一円の島々や宇久、小値賀を望むことができる。写真左に建つのは無線中継所のアンテナ。〈有川町鯛ノ浦郷・昭和53年・提供＝河原幸也氏〉

▲▶佐田の山関凱旋パレード　昭和37年の春場所で優勝し、故郷である有川町で凱旋パレードが行われた。ジープに乗った佐多の山関が有川町商店街をパレードし、ファンの声援に応える。有川港ターミナル付近には町制70周年記念として建立された佐田の山の銅像がある。〈新上五島町有川郷・昭和37年・提供＝新上五島町教育委員会〉

▲海童《かいどう》神社　海難によって犠牲となる者が後を絶たなかったため、神託により石祠を建て、祀ったのがはじまりとされる。鳥居の後ろに立つのは、ナガス鯨の下顎の骨の鳥居。〈新上五島町有川郷・昭和 58 年・提供＝中村九永氏〉

▲有川湾でイルカを捕獲①　回遊するイルカを見つけると、合図をし、知らせを受けた有川と魚目の漁民たちが小舟を出してイルカを浜まで追い込む。〈新上五島町有川郷・昭和 40 年・提供＝新上五島町鯨賓館ミュージアム〉

▲▼有川湾でイルカを捕獲②　浜の近くまで追い込んだら、若者たちが海に入り、イルカを浜へ押し上げる。〈新上五島町有川郷・昭和 40 年・提供＝新上五島町鯨賓館ミュージアム〉

▲▼有川湾でイルカを捕獲③　浜に揚げられたイルカは捕鯨用の解剖刀でとどめを刺され、その場で血抜きが施される。〈新上五島町有川郷・昭和 40 年・提供＝新上五島町鯨賓館ミュージアム〉

▲東浦国民学校　明治45年、七目尋常小学校と鯛之浦尋常小学校が合併して開校した。写真は初等科の修了生たち。〈新上五島町阿瀬津郷・昭和20年・提供＝坪井隆治氏〉

▲薙刀舞　鯛ノ浦郷の盆の行事として、江戸時代から行われているという。太鼓と囃子歌に合わせ、木製の薙刀を手に集団で舞う。〈新上五島町鯛ノ浦郷・昭和30～40年代・提供＝坪井隆治氏〉

▲▶鯛ノ浦神社秋の大祭　神輿行列が海岸沿いの道を行く。三角島に鎮座する鯛ノ浦神社から神輿を鯛ノ浦郷の集落へ移し（お下り）神事をした後、また三角島へお送りする（お上り）。島からの行き来は漁船を使い盛大に行われる。〈新上五島町鯛ノ浦郷・昭和23年頃・提供＝坪井隆治氏〉

▲▼十七日祭り　海童神社の祭りで、子どもを水難から守るため、「にわか」を奉納したことがはじまりといわれる。太鼓、鉦、三味線の囃子に合わせて本通を練り歩き、海童神社のほか、町内の各所で寸劇や踊りを披露し、町内を回る。写真は中筋公園の原親子像の前で。〈新上五島町有川郷・昭和30年頃・提供＝新上五島町教育委員会〉

フォトコラム　五十の教会

二〇一八年、紆余曲折を経て長崎と天草地方の潜伏キリシタン関連遺産が、世界遺産に登録された。対象の教会のみ注目されがちだが、どの天主堂も敬虔な祈りの場である。

下五島の奥浦町や堂崎天主堂、上五島の建築家・鉄川與助を抜きに島の教会は語れまい。旧奥浦村は布教の初期十六世紀に、五島家十八代当主純定が布教を許した地、百二十六名が洗礼を受けた。禁教期の十八世紀末、外海から移住の先陣が上陸したのが、その六方の浜。禁教の高札が下され、五島ではじめてのクリスマスを祝ったのが奥浦湾口の堂崎天守堂である。

鉄川與助は五十の教会建設に関わり、その内三十は與助の設計という。上五島町は魚目の出身、曽根教会建築に関わり、仏人神父から後の教会建築に大切なリブ・ヴォールト天井の技術を習得したと伝わる。木材を見ごとな曲線に加工した蝙蝠型天井は高く、何とも優美である。彼自身は仏教徒であった。

五島に五十余の教会は、交通の便が悪かった表裏か。礼拝に伝馬船が重宝されたことを、堂崎天主堂を詠んだ昭和の俳句が物語る。

浜木綿やミサに漕ぎ来し舟の群　　真一

昭和の初期、信仰の自由とは名ばかりの、特に戦況逼迫につれ敬虔な信徒には息苦しい時代が続いた。そのことの記録は意外に少ない。遠藤周作の「沈黙」がふと過ぎる。

（筑田俊夫）

▲堂崎天主堂の「キリシタン資料館」　明治40年に建てられた堂崎天主堂内に設けられている。この教会の建設は野原与吉の手によるもので、数多くの協会建築を手がけた鉄川與助も参加している。館内にはお帳（太陽暦）やド・ロ聖教木版画など貴重な資料が展示され、キリスト教弾圧時代から明治以降の信仰の歴史を伝える。〈五島市奥浦町堂崎・昭和49年・提供＝中村九永氏〉

▶堂崎天主堂・五島隠れキリシタン資料「マリア観音」〈昭和49年・提供＝中村九永氏〉

▲カトリック福江教会にて　初聖体の記念写真。初聖体とは初めて聖体（パンや葡萄酒）を拝領する儀式。同教会は大正３年に旧堂崎小教区から分離・独立して設立された。聖堂は昭和37年に建設されたもので、同年の大火においても焼失を免れ、現在も威容を放っている。〈五島市末広町・昭和45年頃・提供＝浦道陽子氏〉

▲玉之浦町の井持浦教会ルルド前で　井持浦小教区である井持浦、玉の浦、立谷の３教会の信者が集まる。明治32年に初めてつくられたルルドの泉。〈五島市玉之浦町・昭和45年・提供＝河原幸也氏〉

▲木造の立谷《たちや》教会　木造民家風の教会は推定明治 15 ～ 20 年頃の建築と言われている。老朽化が進み昭和 63 年頃、自然倒壊した。現在、整地した広場にマリア像を安置し屋外礼拝所になっている。〈五島市玉之浦町立谷・昭和 57 年頃・提供＝中村九永氏〉

▲立谷教会の内部　井持浦教会より司祭が月 2 回巡回してミサが行われた。倒壊して建物はない。〈五島市玉之浦町立谷・昭和 57 年頃・提供＝中村九永氏〉

▶奈留教会でお遊戯会　現在の聖堂は同36年に建設されたものである。〈五島市奈留町浦・昭和51年頃・提供＝植木良尚氏〉

◀折島教会　折島の中央の尾根に建っていた。この教会は昭和38年に建設され、建設費は住民がキビナ漁で得た収益によって賄われた。同51年、子どもの将来や水不足などの理由から島全体での集団移転が行われ、教会は廃堂となった。〈新上五島町続浜ノ浦郷・昭和51年・提供＝青方小学校〉

▲鯛ノ浦教会にて　旭日幼稚園落成式の記念写真。町長、警察署長、学校長などが写る。教会は昭和24年の増築時にレンガ造りの塔が正面につけられたが、被爆、倒壊した長崎・旧浦上天主堂のレンガも使われた。〈新上五島町鯛ノ浦郷・昭和17年・提供＝坪井隆治氏〉

▲青砂ヶ浦教会にて　丸尾の白菊保育園の初聖体記念の一枚。園児のうちカトリックの子だけが青砂ヶ浦教会にて行われた。〈新上五島町丸尾郷・昭和46年・提供＝名切佐年氏〉

▲▼浜串教会にて　初代教会は明治32年に建設された。その後老朽化が進んだため昭和42年に現在の教会が建立されている。〈新上五島町岩瀬浦郷・上：昭和37年頃、下：昭和37年・提供＝鼻﨑貴広氏〉

◀**子ども達のお遊戯会**　演じたのは「マリアさまの踊り」。福見保育園にて。〈新上五島町岩瀬浦郷・昭和23年頃・提供＝鼻﨑貴広氏〉

▶**野首教会**　明治41年、信者たちが工面した費用によって建設された。設計施工は鉄川与助で、鉄川にとって初めての煉瓦造りの聖堂であった。平成元年に県の有形文化財に指定され、同23年には「小値賀諸島の文化的景観」として国の重要文化的景観に選定されている。〈小値賀町・昭和40年代・提供＝吉元俊二郎氏〉

▲野首教会の内部　同教会の特徴のひとつである、リブ・ヴォールト天井が美しい。〈小値賀町・昭和40年代・提供＝吉元俊二郎氏〉

▶野崎島のキリシタン墓地　かつて島で暮らしていた信者たちの墓である。野崎島は昭和40年代に過疎化のため島民が集団移転しており、その際、御霊も移されている。〈小値賀町・昭和40年代・提供＝吉元俊二郎氏〉

7 上五島 ❷〈若松島と中通島南部～旧若松町・旧奈良尾町〉

狭い瀬戸を挟んで若松島と奈良尾町のある中通島は隣り合わせの町であったが、地形と周囲の海の状況の大きな違いから、海面養殖や真珠養殖の若松と大型まき網漁船団による遠洋漁業の奈良尾と昭和時代に大きく異なる道を歩むことになった。

奈良尾の現在の住民の先祖は紀州出身者が多い。瀬戸内海は徳川初期頃から、漁場が早くから開発されていたこともあり、資源枯渇気味で津波の被害もあり、紀州から毎年出漁、移住するようになり、やがて奈良尾の町を作ったのである。

イワシ漁業が盛んで、戦後の昭和二十四年、奈良尾町内では、まき網漁業五十三統に達した。昭和二十八年頃からイワシの回遊が絶滅し、昭和二十九年、まき網漁船団の船型を大型化し、漁場を広く開拓。西日本最大のまき網船団地区として、昭和五十七年には町内の水産物水揚げ高三百三億円を記録した。

昭和三十四年に奈良尾町にバスが走る。昭和四十一年奈良尾～岩瀬浦開通、中通島縦貫道路の奈良尾～青方間開通で、各町内間がバスでつながれたが、若松町は若松島と中通島に分かれていたため、平成三年若松大橋が完成し、初めて町内の道路がつながった。

若松島は、各地で発掘された遺物をみると石器時代から人が住んでいた。倭寇の時代など大陸との交易にかける人たちが跋扈《ばっこ》し、国際交流の拠点として知られる時代も続いた。

昭和初め頃から若松に小型巾着網漁業が導入されたが、漁業権の範囲が狭く、北部海域は潮流が早いため燃料消費がかかるというような条件もあり、神部地区を中心に、香川県引田地区から養殖技術を導入。昭和三十六年、長崎県で最初に若松町で水産試験場がハマチ養殖を開始した。海岸の鼻と鼻の間を網で締め切って行う入江養殖に活路を見出し、ハマチ生産全国一の時代を迎えた。神部地区には映画館が二軒もあるなど栄えた。

同じ頃、宿ノ浦地区などで真珠の生産も盛んに行われた。昭和五十年頃から規模も大きくなり、多くの支湾や入江が海面養殖に適し、真珠養殖、ハマチ養殖が盛んとなった。

しかし、給餌するエサが腐敗してガスの発生などの病気が出て、対応に薬剤などを使ったが、失敗。真珠養殖への影響もあったのか、真珠も衰退。平成時代には水産物の直接販売、クロマグロの養殖などに方向を変えている。

中通島と若松島の間を走る断層に伴って典型的なリアス海岸を形づくる若松町は、国立公園の中心に位置し、釣客やキリシタン洞窟や教会などカトリック信仰の歴史観光にも目を向けている。

（永治克行）

▲若松港を俯瞰する 東から西方向を望む。若松港は外洋の波の影響が少なく、天然の良港として知られる。平成３年に完成する若松大橋はまだ見えない。〈新上五島町若松郷・昭和 52 年～ 54 年頃・提供＝中村九永氏〉

◀**陽光に映える若松中心地**　若松港を望む。埋め立て前の風景で、左に極楽寺の屋根が見える。〈新上五島町若松郷・昭和38年・提供＝宮田又壽氏〉

▶**若松港を望む①**　穏やかな良港である若松港は古くは八幡船の船だまりとしても利用されていたという。〈新上五島町若松郷・昭和38年・提供＝宮田又壽氏〉

◀**若松港を望む②**　写真の左手が船の航路となっているため、それを避け、右手に真珠養殖筏が浮かぶ。〈新上五島町若松郷・昭和38年・提供＝宮田又壽氏〉

▶若松港を望む③　南方向を望む。港内を進む第八太古丸が見える。〈新上五島町若松郷・昭和30年代・提供＝宮田又壽氏〉

◀若松港を望む④　若松小学校植林地より北方向を見ている。若松港内を船がゆうゆうと進む。〈新上五島町若松郷・昭和38年・提供＝宮田又壽氏〉

▶若松小島ノ浦のブリの実験養殖場　左手前の岸に見える建物は種苗センターで本来、農作物の種苗の検査、調査、研究を行う。ここで始まったブリの実験養殖は、時に困難を経て五島の養殖漁業に貢献することになる。〈新上五島町若松郷・昭和37年頃・提供＝宮田又壽氏〉

◀里ノ浦付近から南西方向を見る 遠くに奈留島、久賀島、福江島が霞んで見える。左方は椛島。〈新上五島町若松郷・昭和38年・提供＝宮田又壽氏〉

▶里ノ浦の段々畑 平坦地が少ないため、山を削り耕地とした。〈新上五島町若松郷・昭和40年頃・提供＝宮田又壽氏〉

◀若松小学校の児童ら 天気の良いこの日、友達らとお散歩。日傘をさし小さな子を背負う子どもも見える。〈新上五島町若松郷・昭和42年頃・提供＝宮田又壽氏〉

▶**土井ノ浦の墓地**　仏教の墓が立つなかに、十字架を象ったカトリックの墓も見える。〈新上五島町若松郷・昭和38年・提供＝宮田又壽氏〉

◀**滝ヶ原の海岸で①**　台風が来るため、舟が流されないよう子どもらも手伝って陸へあげる。留守宅の舟もあげた。〈新上五島町間伏郷・昭和37年・提供＝宮田又壽氏〉

▶**滝ヶ原の海岸で②**　写真は牛の世話をしているようすか。農作業において牛は不可欠であったが、この頃から農作業の機械化が進み、牛は肉牛となっていった。〈新上五島町間伏郷・昭和37年頃・提供＝宮田又壽氏〉

▲▼刈り取った稲を干す　刈り取られた稲は滝ヶ原の海岸に干した。家族総出で行い、上写真では子どもたちの姿も見える。下写真は手前に干された稲が見え、漁に使う網の手入れをしている。当時残っていた最後の水田も、昭和 41 年には廃田となった。〈新上五島町間伏郷・昭和 40 年頃・提供＝宮田又壽氏〉

◀若松小学校の児童たち　6年生が卒業するときに行ったお別れ遠足の記念撮影。一年生も一緒に。〈新上五島町間伏郷・昭和41年・提供＝宮田又壽氏〉

▶若松小学校で若松町民体育祭①　リレー決勝のようすで決勝に進んだのは4校（若松、神戸、間伏、日島）。予選は8校区が参加した。〈新上五島町間伏郷・昭和37年・提供＝宮田又壽氏〉

◀若松小学校で若松町民体育祭②
男子リレー決勝のようす。スタート前の緊張の瞬間である。〈新上五島町間伏郷・昭和37年・提供＝宮田又壽氏〉

▲間伏小学校の入学式　児童たちの胸に付いている白い札のようなものは親がハンカチで作った名札。皆、直立不動の姿勢で、表情は凛々しい。〈新上五島町間伏郷・昭和36年・提供＝宮田又壽氏〉

▲神部小学校の校庭　数人の子どもたちが校庭で遊ぶ。休日だろうか、自転車に乗る子どもの姿も。写真中央奥には先生が作った投擲《とうてき》板も見える。〈新上五島町若松郷・昭和42年・提供＝宮田又壽氏〉

▲旧若松中学校で行われた町民体育祭　100メートル送の決勝のようすで、スタートした瞬間を捉えた。奥に見えるのが旧若松中学校、左の白壁の建物はへき地集会所。〈新上五島町若松郷・昭和37年・提供＝宮田又壽氏〉

▲渡海船・びしゃご丸　若松中学校の生徒らを運んだ。船の名は、島のびしゃご瀬から命名された。右に黒松の大木が見える。〈新上五島町・昭和39年頃・提供＝宮田又壽氏〉

◀若松神社の例祭　「お下さん」の行列で太鼓を担う小学生ふたり。神輿は若松神社を発ち、極楽寺の前を通って港方向へ向かう。若松神社は天御中主尊、高皇彦霊神、神皇彦霊神を祭神とする旧村社。神部《こうべ》の七頭子《もりこ》神社を若松郷築出山に遷座し、明治3年に若松神社と改称したのが始まりだという。〈新上五島町若松郷・昭和37年頃・提供＝宮田又壽氏〉

▶日島小学校　新築の頃、それまで日島の児童は渡海船で有福島まで通学していたが、54年ごろ防潮堤が整備され、歩いて渡るようになった。それまでも梯子のようなものを掛けて渡ったりしてはいた。〈新上五島町有福郷・昭和50年代・提供＝今村豊氏〉

◀日島中学校の卒業記念　日島神社の東にあった。現在校舎は取り壊され、運動場の跡地が残るのみである。〈新上五島町日島郷・昭和51年・提供＝今村豊氏〉

▲**桐古里を望む**　桐の集落から西を望む。野島や若松島が見える。〈新上五島町桐古里郷・昭和38年頃・提供＝宮田又壽氏〉

▲**貨物船・祐徳丸の進水式**　日の丸はじめ様々な小旗や幟をはためかせての初航海。高仏の増彦造船所で新造され、高仏から各港を回って長崎市とを結ぶ航路で商売をしていた。〈南松浦郡新上五島町荒川郷・年代不明・提供＝増田忠彦氏〉

◀小島が浮かぶ風景　手前が京島、その上が松中島である。現在、写真右下に中五島高校が建っている。〈新上五島町宿ノ浦郷・昭和38年・提供＝宮田又壽氏〉

▶若松町大浦へ遠足　奈良尾町田中地区子ども会の面々。バスに乗って父兄と一緒に行った。〈新上五島町宿ノ浦郷・昭和33年・提供＝神徳孝子氏〉

◀**奈良尾の町と港を俯瞰する**　山の斜面に張り付くように住宅が密集して建つ。右上に奈良尾漁港が、中央上に奈良尾小学校が見える。〈新上五島町奈良尾郷・昭和52年〜54年頃・提供＝中村九永氏〉

▶**小奈良尾の風景①**　入江の南側に崖が迫っていた頃。現在は奈良尾港のターミナルにかけて全て埋立てられ、景観は一変している。〈新上五島町奈良尾郷・昭和26年頃・提供＝片山圭弘氏〉

◀**小奈良尾の風景②**　対岸の海岸に人びとが小さく見える。現在、左手に奈良尾港ターミナルがある。〈新上五島町奈良尾郷・昭和26年頃・提供＝片山圭弘氏〉

▲小奈良尾の風景③　現在、右手には地区運動場や奈良尾福祉センターが整備されている。〈新上五島町奈良尾郷・昭和26年頃・提供＝片山圭弘氏〉

▲小奈良尾の風景④　現在の小奈良尾地区は宅地造成や土地改良により奈良尾地区にかわって港湾施設も整備され、町外からの定期船の出入りもある。〈新上五島町奈良尾郷・昭和26年頃・提供＝片山圭弘氏〉

▶奈良尾港を望む①　奈良尾町民総合運動公園付近から南方向を撮影。入江には多くの漁船が停泊する。〈新上五島町奈良尾郷・昭和29年・提供＝津田稔氏〉

▲奈良尾港を望む②　港には漁船が停泊し、周りには民家が密集する。左下には「蛭子神社」の幟が見える。〈新上五島町奈良尾郷・昭和29年・提供＝津田稔氏〉

▲奈良尾港を望む③　米山の中腹から南東方向を撮影。奈良尾の密集する集落や段々畑などが見える。〈新上五島町奈良尾郷・昭和 35 年・提供 = 柴田望氏〉

▲入港中の巻網漁船　昭和 24 年頃まで中型巻網漁業が盛んに行われた。漁場が沖合に移っていくと漁船も大型化し、それに対応するため、同 38 年から小奈良尾地区の築港が着手され、奈良尾港は日本有数の大型巻網漁業基地として発展した。〈新上五島町奈良尾郷・昭和 29 年・提供 = 神德孝子氏〉

▲奈良尾中央公民館に集う人びと　漁業組合に併設された中央公民館で祝い事が行われたのであろう。盛装した人びとが続々と建物の中へ入って行く。右上に見える看板、びっくりやは百貨店。〈新上五島町奈良尾郷・昭和30年代・提供＝柴田望氏〉

▶奈良尾港の漁師たち　木造船で一服する漁師たち。巻網本船の左舷船尾にて。〈新上五島町奈良尾郷・昭和29年・提供＝神德孝子氏〉

▲港で遊ぶ子どもたち　奈良尾港の巻網漁の網を干すための竹で組まれた網棚の上でパチリ。犬も一緒に。〈新上五島町奈良尾郷・昭和 42 年・提供 = 神徳妙子氏〉

▶巻網の補修　大勢で網の補修作業を行う。網は長方形をしており、海ではこれを広げて魚群を一網打尽にする。〈新上五島町奈良尾郷・昭和 57 年・提供 = 中村九永氏〉

◀今はなき小奈良尾へと続く花並木①　花見日和に恵まれたこの日、お弁当を持って花見にお出かけ。奈良尾小学校から小奈良尾に抜ける道に桜並木があった。〈新上五島町・昭和44年・提供＝神德妙子氏〉

▶今はなき小奈良尾へと続く花並木②
満開の桜とともに記念撮影。男の子は恥ずかしいのか、桜の木のほうを向いている。〈新上五島町・昭和33年・提供＝神德妙子氏〉

◀今はなき小奈良尾へと続く花並木③
腰を下ろして桜を眺める。木々の間からは小奈良尾港が見える。〈新上五島町・昭和33年・提供＝神德妙子氏〉

▶奈良尾の秋祭りの稚児行列　祭りに参加した稚児たち。子どもたちの表情は少し緊張気味である。〈新上五島町奈良尾郷・昭和36年・提供＝神德妙子氏〉

◀奈良尾神社の境内　ブランコや滑り台などの遊具があり、子ども達の遊び場だった。後ろに写る滑り台は木造である。〈新上五島町奈良尾郷・昭和32年・提供＝神德妙子氏〉

▶食堂の前で　「うどん　30円」「酒　60円」などと書かれた札が貼られている。商品ケースに並ぶのはビール瓶であろうか。〈新上五島町奈良尾郷・昭和43年頃・提供＝柴田望氏〉

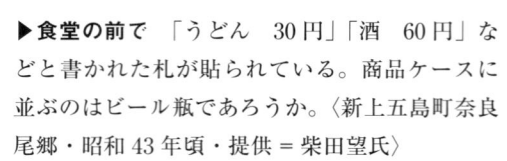

▶▼タバコ屋の前で　後ろに写るモザイクタイルが貼られた商品ケースが懐かしい。右写真の右上につたや旅館の看板が見える。〈新上五島町奈良尾郷・右：昭和33年、下：昭和39年・提供＝柴田望氏〉

▶雪の日のつたや旅館と旧役場　正面の建物が現在も営業を続けるつたや旅館。右に旧役場の一部が見える。〈新上五島町奈良尾郷・昭和34年・提供＝柴田望氏〉

▶灯台の下で〈新上五島町奈良尾郷・昭和33年・提供＝柴田望氏〉

▼奈良尾小学校のあった奈良尾町宮田地区旧景　平成26年、奈良尾小学校は岩瀬浦小学校との統廃合で校舎は解体され、高井旅に新しい奈良尾小学校が建設されている。〈新上五島町・昭和26年・提供＝片山圭弘氏〉

▲高井旅海水浴場にて　五島高校卒業１年目の知己５人の懇親会で。ふんどし姿の人も。〈新上五島町奈良尾郷・昭和 26 年・提供＝片山圭弘氏〉

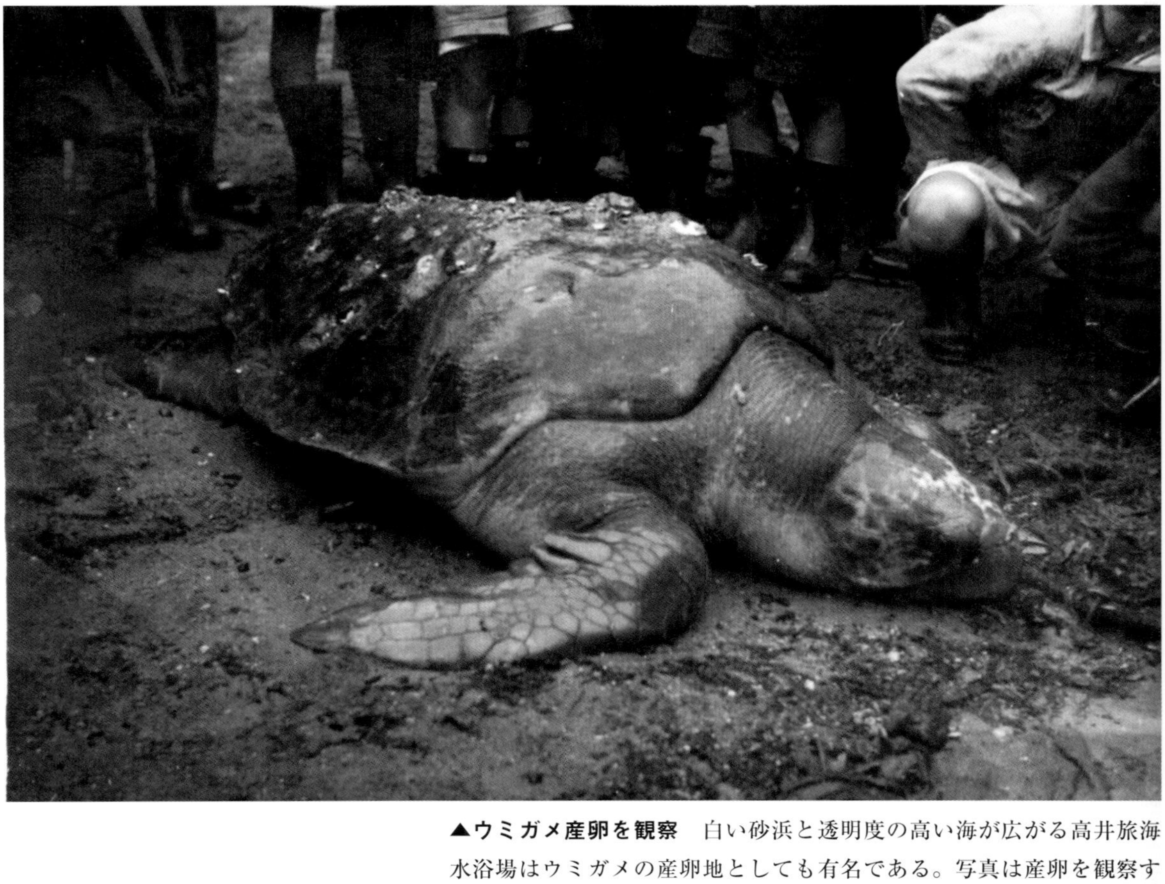

▲ウミガメ産卵を観察　白い砂浜と透明度の高い海が広がる高井旅海水浴場はウミガメの産卵地としても有名である。写真は産卵を観察する小学生たち。〈新上五島町奈良尾郷・昭和 26 年・提供＝片山圭弘氏〉

◀褌《へこ》祝い　女の子が数えで13歳の時に行う通過儀礼である。これを祝い、一般的には褌親が腰巻きを送る。奈良尾神社境内にて。〈新上五島町奈良尾郷・昭和38年・提供＝神徳妙子氏〉

▶終戦まもない頃の結婚写真　物資不足がまだ解消されていない頃の写真であるが、新郎新婦共に見事な晴着姿である。〈新上五島町・昭和23年・提供＝神徳妙子氏〉

◀初詣へ　奈良尾神社にて。大人から子どもまで盛装で写真に収まる。〈新上五島町奈良尾郷・昭和27年・提供＝神徳孝子氏〉

▲米山へ遠足　親和銀行奈良尾支店の職員一同が遠足。写真には弁当や一升瓶が見える。頂上からは中通島の東西が見渡せ、現在は展望台（標高234メートル）から、若松大橋や緑の中の教会が一望できる。〈新上五島町奈良尾郷・昭和33年・提供＝神德孝子氏〉

▲お茶の会〈新上五島町奈良尾郷・昭和30年頃・提供＝神德孝子氏〉

▲成人式　1月15日、20歳の男女が神社で記念撮影。成年の式と祝いは古くからある慣習だが「おとなになったことを自覚し、みずから生きぬこうとする青年を祝いはげます」という趣旨のもと、昭和24年に成人の日が制定され、各自治体が式典を行った。現在では、1月の第2月曜日に変わっている。〈新上五島町奈良尾郷・昭和36年・提供＝柴田望氏〉

▲障子の貼り替え作業　真夏に行った。金盥《たらい》が懐かしい。〈新上五島町奈良尾郷・昭和39年・提供＝柴田望氏〉

▲県知事が奈良尾を訪問　当時の佐藤勝也長崎知事が奈良尾へやってきた。右は当時の本村奈良尾町長。〈新上五島町奈良尾郷・昭和 33 年・提供 = 神徳孝子氏〉

▲奈良尾神社の秋祭り①　祭りの行列が奈良尾の町中を行く。同神社は慶長年間に紀州の漁師が当地へ移り住んだ際、紀州七社権現の分霊を勧請したことがはじまりとされる。以来、漁業の守護神として篤い崇敬を受ける。〈新上五島町奈良尾郷・昭和 44 年・提供 = 神徳妙子氏〉

▶**奈良尾神社の秋祭り②**　婦人会による奉納踊り。〈新上五島町奈良尾郷・昭和 29 年・提供＝神徳孝子氏〉

◀**大雪の日**　比較的冬は温暖であるが、雨天が多く、雪が降ることもあった。この年は大雪となり、写真のような大きな雪だるまも作れた。福見の保育園で。〈新上五島町岩瀬浦郷・昭和 34 年頃・提供＝鼻崎貴広氏〉

▶**スキーに挑戦**　大雪となったこの年、手づくりでスキー道具を作って滑走に挑戦。ストックが少し短いのはご愛嬌。〈新上五島町奈良尾郷・昭和 34 年・提供＝柴田望氏〉

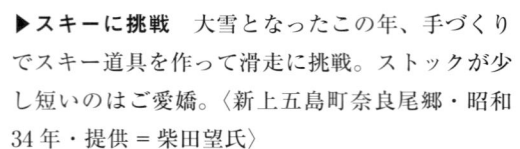

◀揃ってシェー！　「シェー」は昭和37年から少年雑誌で連載を開始した「おそ松くん」に登場する「イヤミ」のお決まりのギャグ。このポーズは全国に一大ブームを巻き起こし、子どもはもちろん大人までもがこぞって真似をした。大阪の就職先の寮から上五島の実家に送られた一枚。〈大阪府・昭和40年頃・提供＝鼻﨑貴広氏〉

▶奈良尾国民学校の児童たち　写っているのは女子児童ばかりである。格好はバラバラでセーター服もいればモンペ姿も見える。左上の女性は代用教員の女性教師。〈新上五島町奈良尾郷・昭和20年・提供＝神德孝子氏〉

◀奈良尾国民学校初等科修了式　木造校舎の前に並ぶ初等科修了生たち。男子は丸坊主、女子はおかっぱである。〈新上五島町奈良尾郷・昭和20年・提供＝神德孝子氏〉

▲奈良尾国民学校の教師たち　当時、児童たちにとって先生は怖い存在であったが、写真では普段児童に見せないような姿で写る人も。〈新上五島町奈良尾郷・昭和 20 年・提供＝神徳孝子氏〉

▲奈良尾小学校卒業の日に　第 11 回卒業生の記念撮影。背後に写る建物の左が職員室、右が校舎であった。〈新上五島町・昭和 32 年・提供＝片山圭弘氏〉

▶奈良尾小が全国コンクールで第２位　奈良尾小学校の校庭で新聞部の児童たちが集合。この年、校内で発行する「あこうタイムズ」が全国小学校新聞コンクールで第２位になった記念の１枚である。当時の江頭町長からも「この輝かしい栄誉の陰には、指導してくださった先生や直接編集にたずさわった生徒の皆さん方の、涙ぐましい努力のあとが偲ばれる」と祝辞も届いた。同校は平成26年、岩瀬浦小学校との統合により新上五島町立奈良尾小学校となっている。〈新上五島町奈良尾郷・昭和30年・提供＝片山圭弘氏〉

◀奈良尾小学校の図書館前で　図書館は創立80周年を記念して建てられたものである。当時中学校が併設されていた。写真に写るのは４年３組の児童で、当時、一学年４組まであった。〈新上五島町奈良尾郷・昭和36年・提供＝神徳妙子氏〉

▶高井旅へ遠足　奈良尾小学校の児童が学校から３キロほど離れた高井旅に遠足へ。〈新上五島町奈良尾郷・昭和26年・提供＝片山圭弘氏〉

▲岩瀬浦小学校第16回卒業生　明治7年創立。写真撮影当時は岩瀬中学校を併設していた。平成26年に奈良尾小学校との統廃合により新奈良尾小学校が開校し、廃校となっている。〈新上五島町岩瀬浦郷・昭和38年・提供＝鼻崎貴広氏〉

▲岩瀬浦郷小学校の児童たち　おそらく低学年の子らであろう。遊動円木《ゆうどうえんぼく》に集まってパチリ。ブランコのように前後に揺れる遊具で公園などに設置されていたが、最近は見られなくなった。〈新上五島町岩瀬浦郷・昭和40年代後半・提供＝鼻崎貴広氏〉

▲岩瀬浦中学校第19回卒業生　昭和22年、学制改革に伴い岩瀬小学校に併設する形で開校した。以来独立校舎を建てることなく同54年に奈良尾町立奈良尾中学校と統合し閉校するまで併設されていた。〈新上五島町岩瀬浦郷・昭和41年・提供＝鼻﨑貴広氏〉

▲奈良尾中学校の体育祭　お昼休憩でのひとコマ。右の男性のスーツ姿に隔世の感を禁じ得ない。〈新上五島町奈良尾郷・昭和35年・提供＝柴田望氏〉

フォトコラム

奈良尾の昭和は豊かな時代

　今から約四百年前、中通島南端の若松町佐尾において赤穂の大弥助九郎によるイワシ漁業が始まった。その三十年後奈良尾で始まり、紀州人の手で隆盛に向かった。現在の住民の多数は、紀州人が先祖。昭和三十八年十一月、奈良尾町議会が先住地である和歌山県広川町を視察し、両町は姉妹町になった。奈良尾には、紀州の人々の墓地が大きく広がり、広川町の神社には五島石という力自慢比べを行った石が今でも残るという。

　戦後まき網漁業が盛んになったが、昭和二十八年頃からイワシの回遊が絶滅し一部企業は倒産した。しかし昭和二十九年、まき網漁船団の船型を大型化し、東シナ海、黄海など漁場を開拓した。漁船数も年々拡大し、町内まき網漁業年間水揚げ高が、昭和五十七年には三百三億円を記録した。

　西日本屈指と言われ、十一社二十四統の船団が出漁するまでになった町は、「月夜間《つきよま》とロマンの里」ともうたわれ、月の明かりで集魚効果が薄れる旧暦の十三日から十九日までは、船員たちが町に戻り、運動会や町の行事は月夜間の期間に行われ、活気の限りを尽くした。

　五島名産のカンコロ餅にもハチミツを入れたり、豆ようかんのような甘味も贅沢にあった。尾頭付きの生（紀）寿司も地域に根づいた郷土料理である。財力のある町ならではの水泳プールも早くに開設された。学校に大型のピアノが寄贈されるなどまき網船団からの大型の寄付、寄贈品が町をさらに活気づけた。長崎などにも自宅を建てる船員も少なくなかった。昭和を終えると、不漁と魚価低迷が続く時代に入ってしまった。

　本書の制作にあたっては、この奈良尾の人たちが祭りや行事に際して家族で撮った写真、写真館でポーズをつくった子どもたちの撮影が数多く取材できた。その一端をフォトコラムとして紹介する。

（永冶克行）

▲**奈良尾港**　三方が山に囲まれた良港で、江戸時代に紀州や淡路からカツオ一本釣りの漁師が移住したことが同港のはじまりとされる。写真では漁船が港いっぱいに停泊し、往時の風景を偲ばせる。〈新上五島町奈良尾郷・昭和29年・提供＝津田稔氏〉

◀**お友達と一緒に**　〈新上五島町奈良尾郷・昭和13年・提供＝神德孝子氏〉

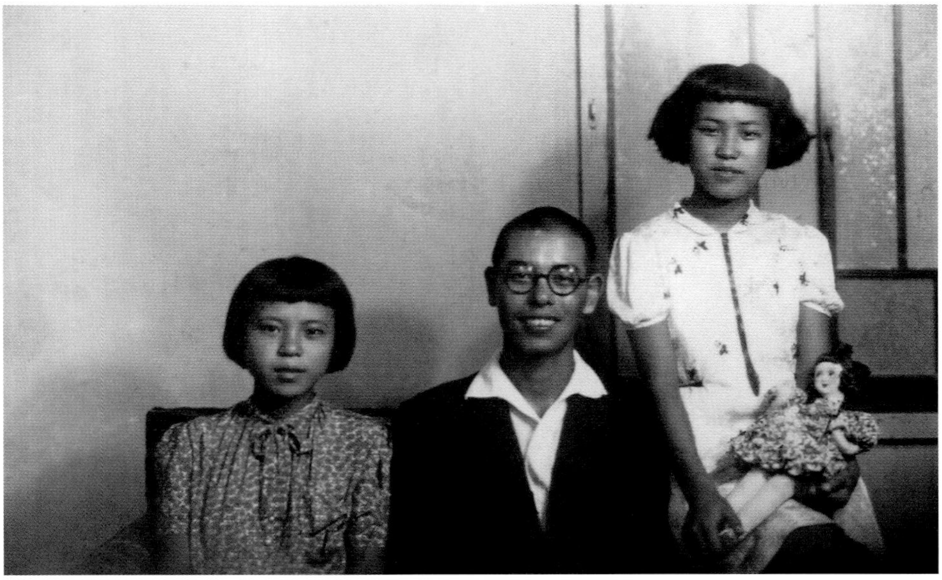

◀親戚と一緒に〈新上五島町奈良尾郷・昭和15年頃・提供＝神徳孝子氏〉

▶母娘〈新上五島町岩瀬浦郷・昭和10年代・提供＝鼻﨑貴広氏〉

◀古式ゆかしい装束を着て〈新上五島町奈良尾郷・昭和20年前後・提供＝神徳妙子氏〉

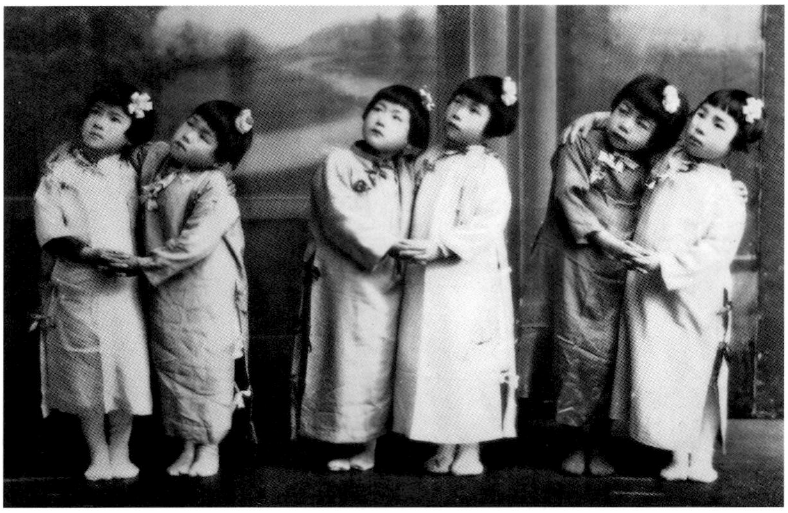

▶カトリックの子ども達のお遊戯会〈新上五島町岩瀬浦郷・昭和 20 年代前半・提供＝鼻崎貴広氏〉

◀奈良尾上水道（水源地）にて〈新上五島町奈良尾郷・昭和 25 年・提供＝神德孝子氏〉

▶いとこと一緒に〈新上五島町奈良尾郷・昭和 26 年・提供＝神德孝子氏〉

◀**お手伝いさん達と一緒に**〈新上五島町奈良尾郷・昭和26年・提供＝神徳孝子氏〉

▲**三十三日のお宮参り、自宅前にて**〈新上五島町奈良尾郷・昭和25年・提供＝神徳孝子氏〉

▲**芸子さんと一緒に**〈新上五島町奈良尾郷・昭和26年・提供＝神徳孝子氏〉

▲お正月の記念写真〈新上五島町奈良尾郷・昭和 27 年・提供 = 神德孝子氏〉

▲お正月〈新上五島町奈良尾郷・昭和 35 年頃・提供 = 柴田望氏〉

◀誕生日祝い〈新上五島町奈良尾郷・昭和 27 年・提供 = 神德孝子氏〉

▶**奈良尾神社の秋祭りの日に①**〈新上五島町奈良尾郷・昭和27年・提供＝神徳孝子氏〉

▲**奈良尾神社の秋祭りの日に②**〈新上五島町奈良尾郷・昭和28年・昭和28年・提供＝神徳孝子氏〉

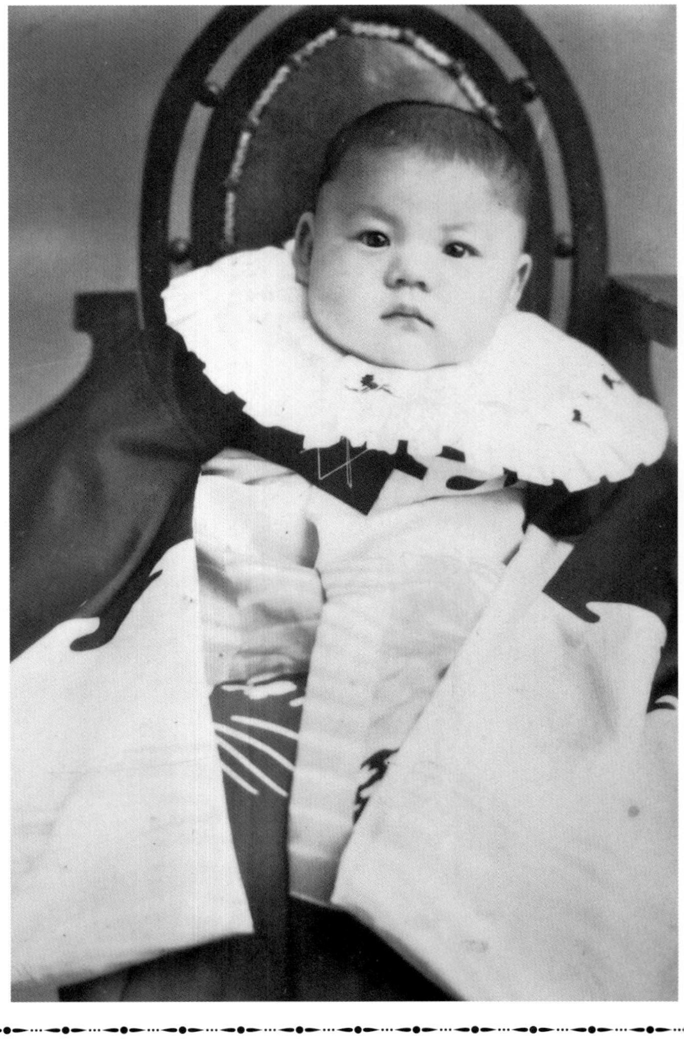

▶**祭りの日**〈新上五島町奈良尾郷・昭和28年・提供＝神徳孝子氏〉

▶奉納踊り記念①〈新上五島町奈良尾郷・年代不詳・提供＝神德孝子氏〉

◀奉納踊り記念②〈新上五島町奈良尾郷・年代不詳・提供＝神德孝子氏〉

8 宇久島

昭和三十～四十年代は、子どもも多く、辛抱強い大人の中で仕事も活気があった。漁業も十分成り立ち、家も新築できるような時代であったが、農業では貧しい家もあった。昭和三十年、平町と神浦村が合併し、新しい宇久町長に藤原岩好氏がなり、活気がみなぎって上り坂の宇久島であった。漁業のほかにも、温暖な地中海気候に合うとして福原オレンジを奨励するなど町の産業振興に活躍された。

父は、昭和初めから四十年頃まで捕鯨船の捕鯨砲で砲手をして銛《もり》を撃っていた。春秋に一カ月ずつ帰ってくるとクジラの塩漬け肉を持ってきた。宇久島は、江戸時代の山田組の捕鯨の伝統が続いていて海士《あまんし》が多かった。銃殺捕鯨から綱がついた銛を発射するノルウェー式の捕鯨に代わるときに十数人が訓練を受け、キャッチャーボートの銛撃ちとなって捕鯨オリンピックで何度かチャンピオンになったことがあり、南氷洋から船団の順位の電報が母に届いていた。この頃、宇久島からの捕鯨従事者は、百五十名くらいおり、町の財政を支える存在となっており、花形の職業であった。

平の海岸は砂浜が広く、はえん風（南風）が直接来て、ダン竹が生え、湯がいたイワシの干場である竹を組んだかけ棚が多数あった。夜マイカや剣先イカを取って浜には早朝からこれをさばく人たちが大勢集まっていた。はらわたを出してロープを渡し、竹串で身を平らにして乾した。台風十二号で海岸が激しくやられたが、昭和三十三年までには防波堤もかねて海岸線を埋め立て、港湾の整備が行われた。この整備は昭和五十年に完成して現在の姿になった。

平家盛公伝説にも海士が登場するほど歴史は古く、鮑集所もあり、アワビの肉を煮てから干した明鮑《めいほう》を神戸の問屋を通じて中国に出荷していた。工場が浜方地区にもあり、殻が軒下にまで積み上げられていた。私は子どもの頃、ワタをバケツで買いに行き、味噌と砂糖であえて食べたが、おいしかった。中学卒業の頃まで買いに行っていた。砂浜時代当時の船は、伝馬舟で機械船は少なかった。宇久は、遠洋に出るレンコ船も多く、小舟を五～六艘積んで延縄漁に出て行った。平地区には船主も五～六軒はあったと思う。

昭和三十年代前半には、デンプン工場のオート三輪がサツマイモを運んでいた。消防車も、車体前でクランクを回してエンジンをかける旧型の自動車であった。運搬の多くは、リヤカーの前身である、前の部分が鉄タイヤになった「車力《しゃりき》」を使って人力で運ぶのが主流であった。その後、ミゼットなどが出て軽トラックの時代に変わっていく。

（大岩保雄）

▶**神浦《こうのうら》港①**　神浦港のある宇久島は江戸時代から西海捕鯨の基地であった。同港はかつて上五島随一と呼ばれた漁港で、各地から漁船や商船が集まり賑わった。〈佐世保市宇久町神浦・昭和27年・提供＝山田康博氏〉

◀神浦港②　写真中央の建物は製氷工場、左は農業倉庫である。〈佐世保市宇久町神浦・昭和27年・提供＝山田康博氏〉

▼宇久町営交通船の「みつしま丸」　宇久町営交通船は、宇久島の神浦港と小値賀島の柳港を結ぶ公営の国境離島航路であった。写真は初代「みつしま丸」。現在は佐世保市営交通船となり、寺島港を航路に加えた「第三みつしま」が就航している。〈佐世保市宇久町・昭和38年・提供＝山田康博氏〉

▶神浦港の救助艇　停泊しているのは12メートル型救助艇の「ちはや」と「なこそ」。戦後、海上治安の管理機関として昭和23年に発足した海上保安庁が、同25年から26年にかけて配備した救助艇である。〈佐世保市宇久町神浦・昭和26年・提供＝山田康博氏〉

◀座礁した金剛丸　当初は鉄道連絡船の関釜連絡船として就航。朝鮮戦争のため昭和25年に米軍の傭船とされたが、翌年にはルース台風に遭い、釜山から佐世保へ向かう途中の宇久沖で座礁した。その後離礁不可により、同28年にこの場で解体となった。〈佐世保市宇久町・昭和26年・提供＝山田康博氏〉

▶旧神浦小学校　代官邸跡に建つ木造校舎と高い石垣が見える。同校は神浦村の代官邸を校舎として明治7年に創立し、昭和43年に現在も校舎が建つ校地へと移転した。学校自体は平成28年に宇久小学校と統合され、141年の歴史を閉じた。〈佐世保市宇久町神浦・昭和26年・提供＝山田康博氏〉

◀**神浦郵便局**　建設された当時は、規模の大きな局舎であった。県内で26番目に開設されたが、これは佐世保郵便局（37番目）より早い。現在は宇久神浦郵便局となっている。〈佐世保市宇久町神浦・昭和40年代・提供＝山田康博氏〉

▶**長野の段々畑と松の木**
城ヶ岳のなだらかな斜面を利用した段々畑。稜線には枝振りのいい松の木が見えている。〈佐世保市宇久町・昭和27年・提供＝山田康博氏〉

◀自動車練習所で交通安全教育①　交通安全協議会の主催で、子どもたちへの交通安全指導が行われた。自動車交通が急成長期に入った昭和30年代から交通事故が激増し、交通弱者である子どもの犠牲が特に多かった。そのためこのころ、全国で交通安全教育が盛んに行われていた。〈佐世保市宇久町・昭和40年代・提供＝戸田徳重氏〉

▶自動車練習所で交通安全教育②　手作りの信号機を渡る子どもたち。当時、宇久町には信号機がなく、各地で見本をもとにした信号機を手作りしていた。写真の場所は、現在では宇久自動車協業組合がある。〈佐世保市宇久町木場・昭和40年代・提供＝戸田徳重氏〉

◀飯良小学校　木造平屋建て校舎の全景である。平村飯良国民学校が戦後、新制の平村立飯良小学校となり、昭和30年、宇久町の発足により宇久町立飯良小学校に改称、また国民学校から分かれた飯良中学校が隣接した。昭和35年には児童数251人（6学級）を数えるが、同38年、校区の変更によって飯良中学校の一部生徒が宇久町立神浦中学校へ転出、さらに41年には同中学が神浦中学校に統合され閉校。これにより小学校単独となった。昭和55年に神浦小学校と統合されて廃校となる。〈佐世保市宇久町本飯良町・昭和40年代・提供＝山田康博氏〉

▶厄神社の薙刀踊り①　大祭で奉納された薙刀踊りのようす。厄神社は鎌倉時代、島の疫病を鎮めるため山城国の男山八幡宮より分霊を迎え、建立されたと伝わる。古くから疫病、魚の神として、信仰厚い神社である。〈佐世保市宇久町本飯良・昭和24年・提供＝宮﨑吉男氏〉

◀厄神社の薙刀踊り②　写真は小値賀から大祭に来た参拝客が撮影。本飯良地区では厄神社の他にも、八幡神社で薙刀踊りが伝承されている。〈佐世保市宇久町本飯良・昭和24年・提供＝宮﨑吉男氏〉

▶厄神社の薙刀踊り③　厄神社大祭奉納記念の集合写真。人びとの後ろに見える幟の家紋「二引」は、壇ノ浦の戦いの後に宇久島へ逃れてきたといわれる平氏の裔、宇久氏のものである。〈佐世保市宇久町本飯良・昭和24年・提供＝宮﨑吉男氏〉

▲城ヶ岳の放牧場　宇久島では昔も今も、飼育管理が楽になる放牧が盛んである。島の中央に位置する城ヶ岳は、当時は南側に芝地が広がり放牧場となっていたが、現在では飛松《トンマツ》が密集している。また山頂には旧日本海軍の基地があった。下の図は、山田康博氏による手書きの詳細図資料である。〈佐世保市宇久町神浦・昭和30年代・提供＝山田康博氏〉

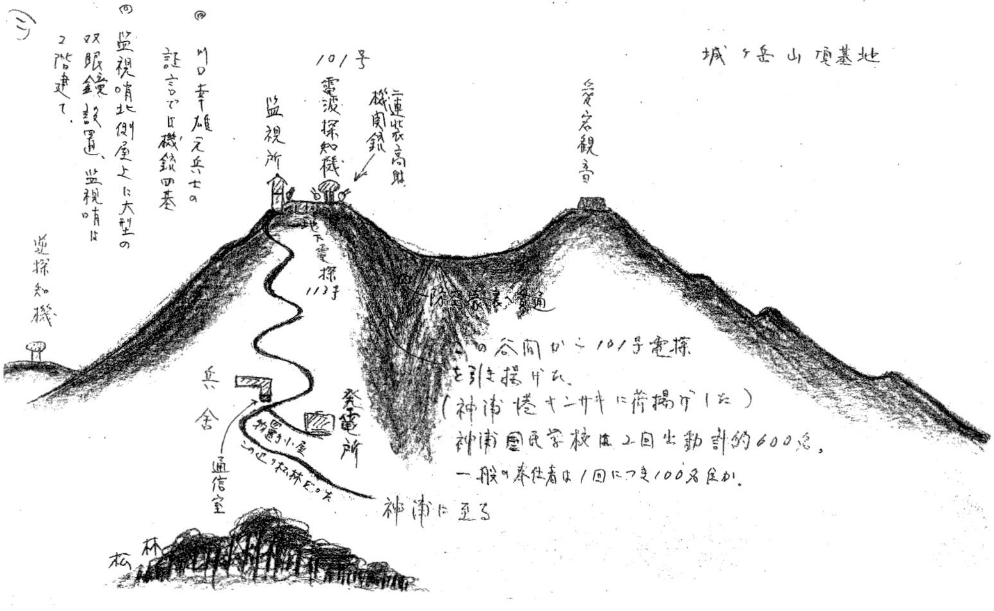

▶城ヶ岳山頂城址　宇久島の中央に位置し、五島富士とも呼ばれる城ヶ岳。周辺の島々や東シナ海まで見晴るかす山頂は、中世時代の山城「宇久城」の城跡で、城壁の石垣が尾根伝いに見られる。城跡は海軍基地跡でもあり、太平洋戦争では電波探知機などがある海軍基地・佐世保警備隊宇久島分遣隊が設置されていた。城ヶ岳に現在、城ヶ岳海軍基地跡の説明板が置かれている。

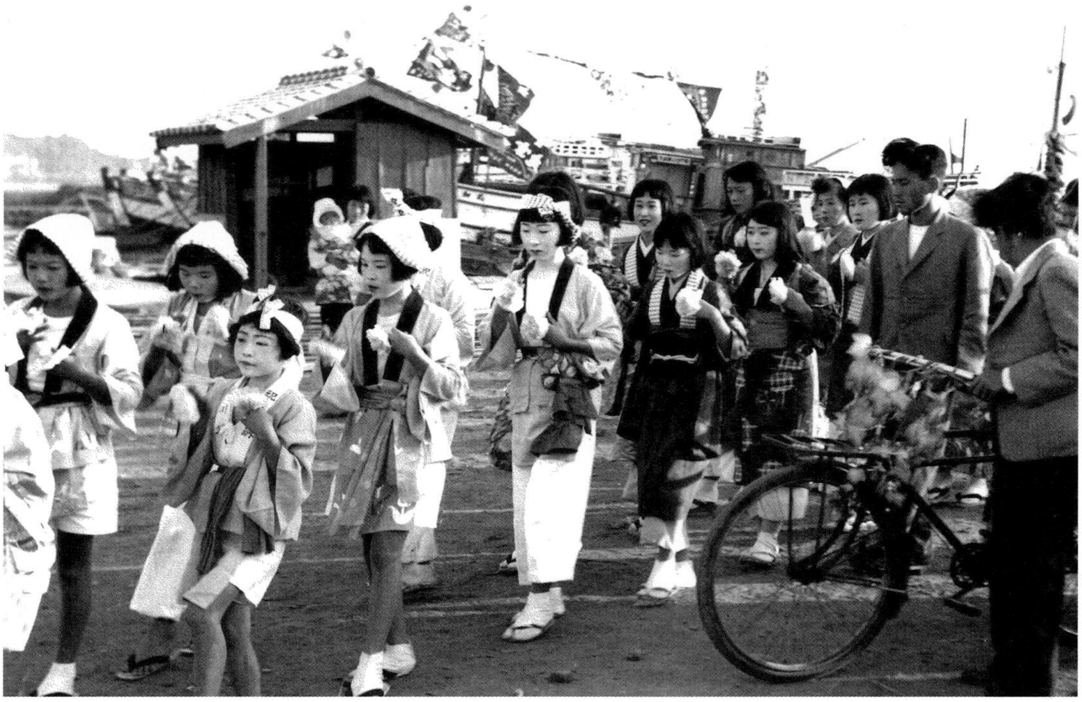

▶宇久町誕生の祝賀パレード
平町の船倉、松原を練り歩く子どもたち。昭和30年、平町と神浦村は合併して宇久町となり、祝典とともに記念の祭りが催され、公会堂では町村合併記念の文化祭が行われた。〈佐世保市北松浦郡宇久町・昭和30年・提供＝山田長好氏（佐世保市役所宇久行政センター所蔵）〉

◀ゴールで駅伝走者を迎える町民　宇久島一周駅伝大会は昭和33年に初開催されているので、写真はそれ以降の撮影。当時、神島神社境内にあった公民館に教育委員会の事務局があり、そこをスタート地点としていたという。駅伝は近年、中学校と高等学校との合同行事として行われており、小学生も加わっている。〈佐世保市北松浦郡宇久町・昭和30年代・提供＝山田長好氏（佐世保市役所宇久行政センター所蔵）〉

◀神浦の旧景　神浦港を北野岸から見ると、港の形は変わっていない。右端に、神社の鳥居が二つ見え、幾つかの家屋は現在も残っている。ペンで書き込みがあり、右から、厳島神社、金刀比羅神社、祝賀の森、福田病院、願の松、長野原、久保山墓地、城ヶ岳山脈、という文字が読める。〈宇久町神浦・年代不詳・提供＝山田長好氏（佐世保市役所宇久行政センター所蔵）〉

▶神浦村役場が完成　総工費266年円をかけた村役場の落成祝賀会。のち神浦村は昭和30年、平町との合併により宇久町となる。この時期、「佐世保市との合併」を平町の町長が隣島の小値賀町と旧神浦村に呼びかけたというが、両町村の反対があって実現しなかったという。〈宇久町神浦・昭和20年代・提供＝山田長好氏（佐世保市役所宇久行政センター所蔵）〉

◀▼宇久町の西玄関口・神浦港　古くから他県の延縄漁の拠点として栄え、平漁港が整備されるまでは、宇久の玄関口として機能していた。左写真、防波堤の向こうには近くから順に寺島（右手）、納島、小値賀島が位置する。〈宇久町神浦・昭和30年代・提供＝山田長好氏（佐世保市役所宇久行政センター所蔵）〉

▲賑わう寺島港　漁場にも近く古くから天然の良港である。写真では漁船が岸壁一杯に係留され、他県からも多くの船が寄港していた。この当時、寺島の人口は500人を超えており小学校や商店街、遊郭もあった。〈佐世保市宇久町寺島・昭和20年代・提供＝宮﨑吉男氏〉

▼古志岐島灯台　古志岐島は宇久島の北東沖にある無人島。明治期に建設された灯台は、周辺海域の航行に重要な役割を果たしていた。断崖上に見える白亜の灯台は、遠くからでもわかる際立った美しさである。〈佐世保市宇久町・昭和20年頃・提供＝畠中茂雄氏〉

9 小値賀島

古事記の国生み神話に「値嘉島《ちかのしま》」の名前が登場する。玄武岩の平らな溶岩台地に、番岳、本城岳などのスコリア丘が形成され、海岸にはダキと呼ばれる海食崖も多数ある。丘陵地や海岸付近の草原などに和牛が放牧され、朝連れて、夕方子供たちが連れ帰るのが日課であった。

漁業は、イワシ網、カマス網、建て網などあり、イリコ製造、マイカのするめ製造など加工も盛んであった。昭和四十年代では、資源量に見合った年間六十〜七十トンのアワビ生産量があり、単一の漁協としては日本一の水揚げを誇っていた。しかし、昭和六十二年以降急速に資源量の状態が悪化。最盛期の面影はないが、アワビの集荷場跡に大きな記念碑も立ち、平成時代初めにはあわび館が建設されている。

捕鯨、酒造など江戸時代の小田家が島の繁栄を支え、上五島の魚目地区からは便利が良く買い物や散髪に来る人も多く、昭和三十年代までの笛吹地区は、自家用船で物資や人が離合集散する最大の商業地として繁栄していた。各種の店が軒を連ね、有川など上五島各地から商業見習の丁稚が集まり、ある商店では宇久から福江まで支店を展開していた。

明治四十一年頃、尼忠本店が作った布袋座は、回り舞台のある桟敷席の大劇場で、昭和四十年代までは、映画の上映、前方、笛吹、柳の三地区の学校の学芸会、サーカス団の曲芸、NHK三つの歌の会場になるなど市民の娯楽の中心だった。

昭和三十年代の人口が一万三千人。各地区の祭礼が沖の神嶋神社を最初にして順番に組まれていた。地の神嶋神社、中村、大浦、笛吹、柳、浜津、納島、斑、唐見崎と移動して行われ盛んだった。笛吹の六社神社では「おくんち」と呼ばれて、各町内からの出し物も活発で賑わった。集団就職も盛んになり、昭和三十九年では中学卒業生の二百四十七人のうち百二十人が、女子は紡績の中京地区、男子は大工や左官などで福岡に向かうなど島を離れた。

昭和四十年から小値賀町の発掘調査が進み、現在の飛行場になった殿崎の弥生時代の遺物、五島列島唯一の古墳である神方古墳、前方湾に残る中世時代の碇石など次々と発掘され、地名も残存することから、古事記記載の値嘉島の中心地であった、と推定されるようになった。

平成三十年に世界文化遺産に認定された野崎島集落には、神社信仰の島に、かくれキリシタンの信者も入り共存していたが、高度成長期の集団離村などで、昭和四十年代に急速に人口が減少し、昭和時代にほぼ全員が離島した。

（魚屋優子）

▲六社神社大祭記念　小値賀島で最も人口の多い笛吹地区の鎮守・六社神社。毎年秋に行われる例大祭は、その年の五穀豊作を感謝する祭りである。後ろには踊り町の飾りが掲げられている。〈小値賀町笛吹郷・昭和23年・個人蔵〉

◀六社神社大祭の山車　笛吹郷の本通りは竹や幕で飾られ、建物の2階にも出し物を見ようとする人があふれる。奉納踊り行列の後には、踊り町の華やかな山車が続いている。人口が多かったこの頃は特に大規模であった。〈小値賀町笛吹郷・昭和30年頃・個人蔵〉

▼小値賀の町を行く子ども御輿　六社神社の秋大祭で奉納された子ども神輿である。場所は現在のながさき西海農業協同組合辺りで、右手に「長工醤油」の文字が見える。同社は長崎県内の有名醸造元29軒で昭和16年に発足し共存共栄を目指して共同生産販売という形を採った企業、現在のチョーコー醤油である。〈小値賀町笛吹郷・昭和30年代・提供＝横山文具店〉

▲六社神社大祭の奉納　小浜町の人びとによる奉納のようす。これはチンドン屋か、大人が小学生に仮装しての行列である。〈小値賀町笛吹郷・昭和 40 年頃・提供 = 吉元俊二郎氏〉

▲六社神社大祭の奉納踊り①　例大祭は現在も毎年 10 月 12 〜 14 日に 3 日間かけて行われている。白装束に金色袴の男性らが担いだ神輿が本通りを練り歩き、赤い法被の踊り子が親和銀行前を行く。〈小値賀町笛吹郷・昭和 59 年・提供 = 尼﨑長文氏〉

▲六社神社大祭の奉納踊り②　笛吹地区の本通りを行く踊り町の行列。各地区にはそれぞれ昔から伝わる踊りがあるという。〈小値賀町笛吹郷・昭和 59 年・提供＝尼﨑長文氏〉

▲奉納記念の仮装①　西町地区の少年たちが、赤穂浪士に扮して忠臣蔵を奉納した。子どもたちの後ろには肥前型鳥居。六社神社には元禄 3 年（1690）建立の肥前型鳥居がある。〈小値賀町笛吹郷・昭和 30 年頃・提供＝尼﨑長文氏〉

▲奉納記念の仮装②　中組の集合写真である。例大祭では神輿渡御に続いて趣向を凝らした山車や奉納踊りの列が続く。中組は子どもの奉納踊り、そして大人は山車。七福神の宝船には見事な扮装の寿老人や恵比寿が乗っている。〈小値賀町笛吹郷・昭和35年・提供＝吉元俊二郎氏〉

▲奉納記念の仮装③　こちらは東宝製作の映画「結婚行進曲」に扮した面々。昭和26年に公開されたモダン感覚満載といったコメディ映画で、主演は上原謙であった。〈小値賀町笛吹郷・昭和36年・提供＝尼﨑長文氏〉

▲六社神社大祭の婦人会　例大祭で役員を務めた女性たちの記念写真。揃いの着物を身に着け、婦人会からの踊りも奉納した。〈小値賀町笛吹郷・昭和37年・個人蔵〉

▲通学用の「愛情道路」　子どもたちのために、と鋪装工事が進む道。婦人会の女相撲で資金を集めた母親や祖母が、協力して工事費を出し、男たちは労力も提供した。〈小値賀町青方郷・昭和28年頃・提供＝吉元俊二郎氏〉

▲五両ダキで水遊び　小値賀でダキとは崖を指す。五両ダキは噴火口が海水に浸食され、円形の崖と化したといわれる。崖に囲まれた小さな砂浜と青い海はまさに美観で、小値賀町の代表的な景勝地である。〈小値賀町柳郷・昭和 39 年・提供 = 尼崎長文氏〉

▲浜崎鼻でお出かけの記念に　幼児を抱いて笑顔の家族は晴れ着姿である。浜崎鼻はかつて牛の放牧場で、松などの雑木林に囲まれ天然芝の草原があり、白浜海水浴場もあり、行楽の地だった。のち町立のキャンプ場ができ、現在はゴルフ場も整備されている。〈小値賀町浜津郷・昭和 20 年代・提供 = 横山文具店〉

▲浜崎鼻の青少年キャンプ場①　昭和期には青少年向けの野外活動施設が多く設置された。キャンプや野外活動を通し、青少年の健全な育成が図られた。浜崎鼻は写真のように天然の芝が生い茂る草原で、牛が放牧されていたこともあった。〈小値賀町浜津郷・昭和40年頃・提供=尼崎長文氏〉

▲浜崎鼻の青少年キャンプ場②　写真は工作をしているところか。キャンプ場では野外炉や炊事場などが設けられていた。現在は浜崎鼻キャンプ場となっており、芝を利用したゴルフ場が併設されている。〈小値賀町浜津郷・昭和40年頃・提供=尼崎長文氏〉

▶長崎鼻の青少年キャンプで
キャンプ場近くの浜で、夏の定番、スイカ割り。残念ながらこのままだとハズレである。昭和時代には青少年のための野外活動が奨励された。〈小値賀町柳郷・昭和49年・提供＝尼﨑長文氏〉

▼布袋座①　回り舞台もあった布袋座で、演技を披露する子どもたち。席は見物に来た大人たちで満員である。〈小値賀町笛吹郷・昭和35年頃・提供＝吉元俊二郎氏〉

▲布袋座②　布袋座には桟敷席もあった。写真は子ども歌舞伎か。〈小値賀町笛吹郷・昭和 35 年頃・提供 = 吉元俊二郎氏〉

昭和30年度　**文化祭プログラム**　小値賀中學校

午前の部

	開会の辞		生徒会長
1	合唱	山、太平洋	1年
2	獨唱	谷間のともしび	2年
3	劇	島の子供たち	2年
4	舞踊	オリエンタルマーチ	1年
5	二重奏《ハーモニカ》	わらの中の七面鳥	2・3年
6	劇	友だち	2年
7	舞踊	祭の宵	1年
8	合唱	さくら	2年
9	劇	ドン・キホーテ	3年
10	舞踊	輪の流れ	2年
11	劇	彦市ばなし	1年
12	舞踊	森の夢	2年
13	〃	赤城山	職員生徒
	挨拶		校長

午後の部

	挨拶		PTA会長
14	寸劇	まんじゆう屋	3年
15	舞踊	落花の舞	2年
16	英語劇	コロンブス	1年
17	舞踊	白鳥の円ぶ曲	3年
18	合奏《ハーモニカ》	娘の娘、他	1・2・3年
19	獨唱	ローレライ	1年
20	劇	おばけ地藏	3年
21	舞踊	さいはての	3年
22	劇	ややこしい話	3年
23	劇	ベニスの商人	3年
24	合唱	浦のあけくれ	3年
	閉会の辞		生徒会副会長

★☆★☆★

◉文化の力!!

朝夕我々が生活して行くのに一日たりとも文化の力をかられずにはいられない。

文化……と一言ではあるがその力の大きい事は云ふまでもない。我が國が敗戰となつたのも、この文化の力がたりなかつたからである。文化が進歩するに當り人間の力は少くなつてもよい。つまり文化で世界が動くと云ふわけである。

この様な大切なものを、今まで大部分の日本人が忘れていたのである『文化』の二字を目あてに進撃しようではありませんか。

文化日本……この言葉も遠くはないでしょう。

★☆★☆★

贈　晋弘舎印刷所

11月2・3・4日　於 布袋座

▲文化祭のプログラム　2色刷り活版印刷による小値賀中学校の文化祭プログラム。小値賀島には 100 年の歴史を誇る印刷所があり、活版印刷が文化として受け継がれている。〈昭和 30 年・提供 = 晋弘舎印刷〉

▼小値賀映劇のチラシ　活版印刷でつくられた映画のチラシである。活版印刷は、膨大な量の活字から一字ずつ原稿通りに文字を拾い、型に並べて文章の形にしていく。職人技に支えられた文化である。〈昭和 28 年頃・提供 = 晋弘舎印刷〉

◀小値賀の嫁入り　まだ舗装されていない道を花嫁さんが歩いて移動。仲人さんの介添えを受け、黒留袖姿の親族が続く。〈小値賀町・昭和34年・提供＝吉元俊二郎氏〉

▶船瀬地区で結婚式
庭の大きな梅の木の前で、親族らと一緒に記念写真が撮られた。自宅での挙式が一般的であった頃の一葉である。〈小値賀町中村郷・昭和23年・提供＝吉田由紀子氏〉

◀船瀬地区の母と子　上の写真の新婦と長男。乳母車もそろそろ卒業の時期か。船瀬は古い集落で、鎌倉時代末期、当時2つに分かれていた島の間の狭い海を埋め立てる工事があり、建武元年（1334）に新田が誕生、建武新田と呼ばれた。このとき犠牲になった牛のための供養塔・牛の塔が今も残る。〈小値賀町・昭和30年頃・提供＝吉田由紀子氏〉

▶小値賀の料亭にて　学生たちが芸妓を呼んでの酒宴。当時、笛吹には数件の料亭があった。写真左端には三味線も見える。〈小値賀町笛吹郷・昭和20年代・提供＝横山文具店〉

◀小値賀の料亭で同窓会　尋常小学校時代の小値賀の仲間が同窓会の真っ最中である。江戸時代からの捕鯨基地であり、牛の放牧も盛んなこの地域では、豊富で多彩な地元食材に恵まれている。会場は松乃屋らしい。〈小値賀町笛吹郷・昭和40年代・提供＝横山文具店〉

▶島の日常　おばあちゃん家《ち》にご近所さんが集まって、のんびりとお茶を飲みながら午後を過ごしている。優雅に三味線を弾く人もおり、ゆったり時が流れる島のようすがうかがえる。〈小値賀町笛吹郷・昭和35年頃・提供＝吉元俊二郎氏〉

▲尼忠別荘での観月句会　小値賀を代表する商家である尼崎家の初代・尼崎忠兵衛の別荘にて行われた観月句会のようす。島では「尼忠《あまちゅう》さん」という呼び名が今も聞かれる。〈小値賀町笛吹郷・年代不明・提供＝尼崎長文氏〉

▲小値賀小学校の学芸会①　児童たちは各地区に分けられ、同じ演目を順番に演じていく。笛吹郷の布袋座で、学芸会は3日間も続けられていた。〈小値賀町笛吹郷・昭和30年頃・提供＝吉元俊二郎氏〉

▲小値賀小学校の学芸会②　劇場・布袋座で行われた小値賀小学校の学芸会での記念写真。演目は「桜田門外の変」である。布袋座は、小値賀島に名だたる商家・尼﨑家の尼﨑忠兵衛が、明治 40 年に設立した。〈小値賀町笛吹郷・昭和 33 年・提供 = 吉元俊二郎氏〉

▲卒業式の日の小中学校教員たち　現在の小値賀小学校の、校門に入った辺りの小山が行事の際の撮影ポイントであった。後ろの屋根は旧裁縫室であったが、のち給食が出るようになって給食室となり、さらに戦後のベビーブームで生徒数が増加すると、教室に改装され校舎となった。〈小値賀町中村郷・昭和 24 年・提供 = 尼﨑長文氏〉

▲小値賀中学校の卒業写真①　第14回卒業生たち。当時の卒業写真ではよく、最前列は簀の子を敷いて正座していた。また､男子の髪型は丸刈りにすることが多かった。〈小値賀町中村郷･昭和36年･提供＝尼﨑長文氏〉

▲小値賀中学校の卒業写真②　小値賀島には浜崎鼻など、風光明媚な海辺が多い。写真はそういった景勝地の一つで撮影された卒業写真である。当時は中学校を卒業して社会へ出て行く子どもも多く、故郷の思い出になったことだろう。〈小値賀町中村郷・昭和36年・提供＝吉元俊二郎氏〉

▲小値賀中学校の運動会①　広い校庭を埋め尽くす生徒たちの数が、ベビーブームなどの影響で子どもが多かった昭和時代を彷彿させる。〈小値賀町中村郷・昭和34年頃・提供＝尼崎長文氏〉

◀小値賀中学校の運動会②　昼休みはお弁当の時間である。母親の心づくしの弁当を家族と囲むお昼が、昭和の運動会では最高の楽しみのひとつであった。〈小値賀町中村郷・昭和34年頃・提供＝尼崎長文氏〉

▲町内マラソン大会　写真は小値賀町漁業協同組合前のゴール地点である。沿道には大勢の観衆が並び、選手に拍手と声援を送っている。小値賀町では今も町内一周駅伝大会などが盛況である。〈小値賀町笛吹郷・昭和34年・提供＝尼崎長文氏〉

▶延命寺の花まつり　花まつりとは、釈迦の誕生を祝う仏教行事である灌仏会のこと。合わせて稚児行列なども行われる。写真は稚児行列に参加した子どもたちと関係者の記念撮影か。〈小値賀町笛吹郷・昭和30年頃・個人蔵〉

◀**横綱・佐田の山が来島①**　中村郷にあった丸ま旅館の別館・平和荘で、小値賀後援会主催による横綱・佐田の山の歓迎会が催された。大広間一杯に町会議員など町の有志がひしめく。中通島の有川町出身の横綱は、引退後、出羽海部屋を継承、第7代相撲協会理事長も歴任した。小値賀では、小学校の運動場などで興行が行われた。〈小値賀町中村郷・昭和37年・個人蔵〉

▶**横綱・佐田の山が来島②**　横綱来島の記念に設けられた宴席での一枚。この年、第50代横綱となった佐田の山は中通島・有川町の出身。五島の誇りといわれた。〈小値賀町・昭和37年・提供＝尼﨑長文氏〉

◀**六社神社の御遷宮**　御遷宮の記念として、神官や関係者が集まって撮影。六社神社の初代神官は、小田鯨組の要望を受けて、寛文元年（1661）に来島したといわれる。五島列島の島々には江戸時代からの捕鯨の歴史がある。〈小値賀町笛吹郷・昭和41年・個人蔵〉

▲野崎島の旧景　かつて野崎島には、野首、船森、野崎の３集落があり、昭和30年頃は650人以上の島民がいた。高度成長期に急激に人口が減少し、現在の野崎島はほぼ無人島となっている。〈小値賀町野崎郷・昭和40年代・提供＝吉元俊二郎氏〉

▲野崎島の野首教会　野首集落は江戸時代から潜伏キリシタンが移住してきており、明治41年に野首教会が創建された。イギリス積み煉瓦造の教会で、初期の姿がほぼ保たれている。平成30年には「長崎と天草地方の潜伏キリシタン関連遺産」として世界遺産にも登録された。〈小値賀町野崎郷・昭和40年代・提供＝吉元俊二郎氏〉

◀「火宅の人」の野崎島ロケ　壇一雄原作の映画「火宅の人」の撮影風景。奔放たる主人公を取り巻く女性らのうち、一人の故郷が野崎島という設定であった。写真中央に座っているのが主演の緒形拳と、松坂慶子である。〈小値賀町・昭和60年頃・提供＝尼崎長文氏〉

フォトコラム

子どもたち

敗戦という危機的混迷のなか、イガグリ頭や、オカッパ頭の子どもたちが、ワイワイガヤガヤ路地を埋めて遊びに興じる光景は、ようやく平和を取り戻した証として、町の大人たちに安堵感と落ち着きを与えた。

物資不足と食糧難のなか、子どもたちは、お下がりを着用し、藁草履や下駄や裸足で遊び回った。

野や、山、川、海の自然のなかで、グミやのんべ（クロイガ）や野いちごなどを取って食べた。

男の子は、どんぐりでコマを、女竹で杉の実鉄砲を作り、甲虫や蜘蛛を捕らえて飼育したり、喧嘩させたり、釘打ち、ビー玉など、日が暮れるまで遊び呆けた。

女の子は、へちまで作ったまりや、ゴムまりで遊んだ。友達が集まると、かくれんぼや、陣取り、鬼ごっこ、縄跳びなどで遊び、ままごとや、しゃぼん玉など。幼い弟妹の子守も引き受けた。

庭を掃いたり、風呂を沸かしたり、じゃが芋の皮を剥いたりと、家の手伝いもよくしたものだった。

浜では、あさり貝や、ミナなどを採ってきて家族と食べた。

学校や、町の行事も子どもたちにとっては、楽しいものだった。遠足、運動会、音楽会、学芸会、神社の例大祭、文化祭、お盆、金魚すくい、花火大会など、数えればきりがない程。戦後の町は復興が進み、豊かになった。

どこの家にも子どもが大勢いた昭和の時代、子宝を糧として、次代を担う子どもたちが逞しく育ってくれる事を、願いながら、親たちは懸命に働いたのである。

（松崎律子）

▲シーソーで遊ぶ　持ち手もない簡素な作りのシーソーだが、跨がる女の子は楽しそう。左端の子は高くて乗れないと、両手を差し出し「下げて」と合図を送る。現在の五島高校、ドラッグストアモリ付近にあった。〈五島市東浜町・昭和37年・提供＝田中熊男氏〉

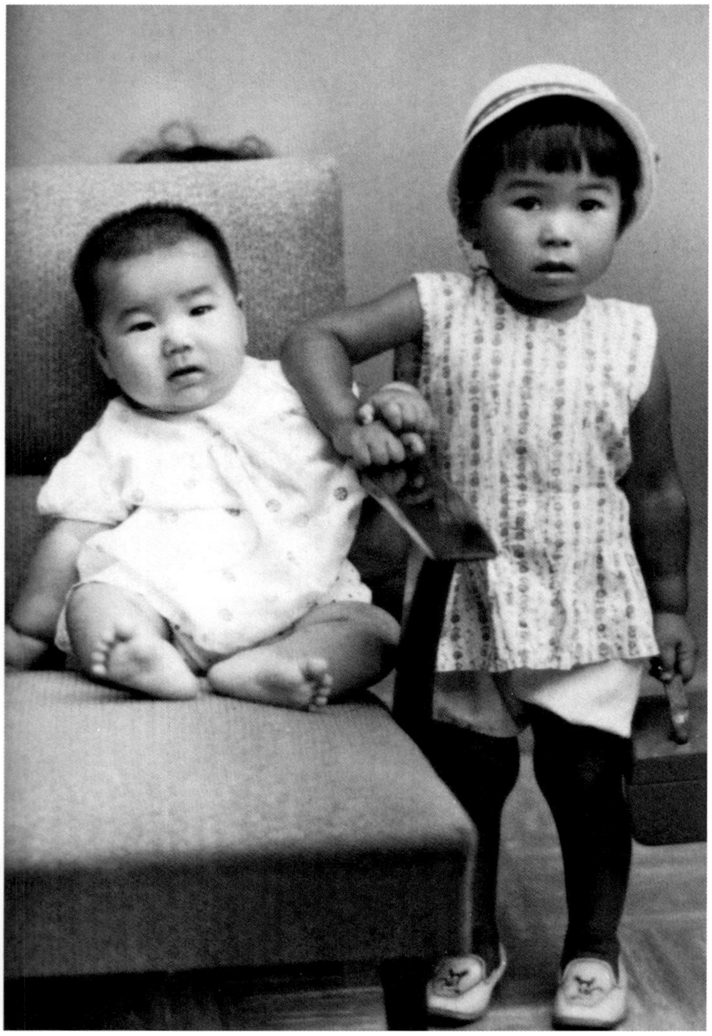

◀**緊張するナァ**　姉と弟がおめかしして記念撮影。しかしどちらも表情が硬く、弟は姉の手を握りしめる。弟が椅子から落ちないか心配なのであろう、後ろで支える母の髪の毛が見えている。〈五島市松山町・昭和 39 年・提供 = 浦道陽子氏〉

▲**大きくなったよ**　左上写真から 4 年後の姉弟。まぶしいのか相変わらず表情が硬いのはご愛嬌。〈五島市松山町・昭和 43 年・提供 = 浦道陽子氏〉

▼**僕は健康優良児**　福江市政施行を記念して行われた第 1 回福江市乳児審査会にて優良に入選。健康そのものといったまんまるのお腹や手足が可愛らしい。〈五島市松山町・昭和 29 年・提供 = 筑田俊夫氏〉

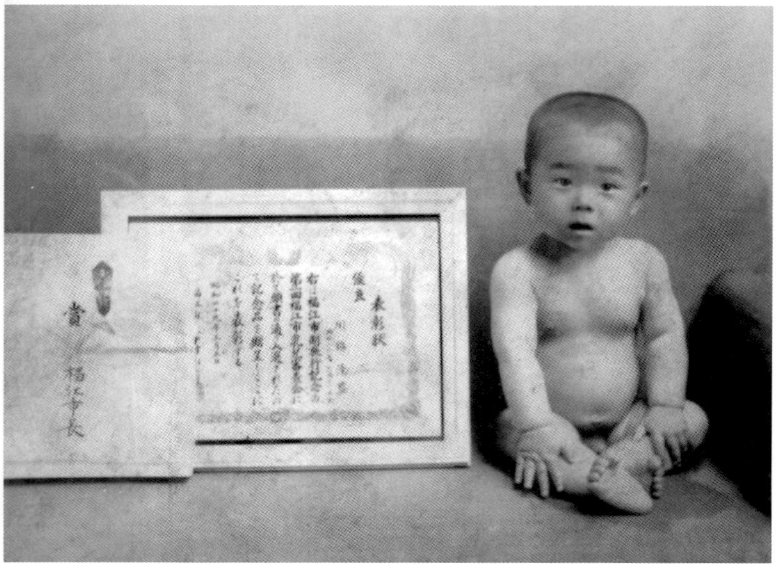

▶焼き芋楽しみだな　自宅にあった焼芋を焼くところ。姉と弟の背後でサツマイモの準備をする母親の姿も見える。〈五島市・昭和37年頃・提供＝筑田俊夫氏〉

▼おばあちゃんに抱かれて　百日祝いを迎えたこの日、着物を着せられてパチリ。お食い初めとも呼ばれ、乳歯が生え始める生後100日頃に一生食べ物に困らないようとの願いを込めて、一汁一菜の「祝い膳」を用意し食べる真似をさせる行事である。〈五島市松山町・昭和45年・提供＝浦道陽子氏〉

◀**ピカピカの一年生**　小学１年生になったばかりであろう、身につけるもの全てが真新しい。これからの学校生活に少し緊張気味の表情を浮かべる。旧福江町の本町通りにて。〈五島市中央町・昭和 43 年・提供＝筑田俊夫氏〉

▼**我ら赤胴鈴之助！**　旧三井楽町立浜窄小学校の学芸会で演じた赤胴鈴之助たち。鈴之助の顔が描かれた防具を身につけ、刀を手に勇ましくポーズをとる。〈五島市三井楽町貝津・昭和 32 年頃・提供＝尾崎善啓氏〉

◀**買ってこれたよ**　お使いを頼まれ、無事を帰ってきたところを撮影。手には購入した素麺を大事そうに抱えている。〈五島市玉之浦町・昭和 36 年頃・提供＝河原幸也氏〉

◀揃いの衣装で　奈留小学校校庭で行われたさくら保育園の運動会のひとコマ。〈五島市奈留町浦・昭和50年頃・提供＝植木良尚氏〉

▶ペーロンごっこ　ペーロンとは舟競漕のこと。競争相手はいないようだが舟に乗り込んだ子どもたちは楽しそう。背後に奈留島が写る。〈新上五島町間伏郷・昭和37年頃・提供＝宮田又壽氏〉

◀伝馬船の上で　木造の舟の上でパチリ。皆満面の笑みを浮かべる。右手前の子は裸足である。〈新上五島町・昭和30年頃・提供＝神德妙子氏〉

▲やつはどこへ？　ごっこ遊びをしているのであろう、玩具の銃を手にしている。建物の下にも子どもの姿が見えるが、表の二人はこの子を探しているのであろうか。滝川原神社にて。〈新上五島町間伏郷・昭和37年・提供＝宮田又壽氏〉

▼綺麗なお花あるかな　ぽかぽかの陽気のなか、草むらに腰を下ろし、花を摘む二人の子ども。神部の漁村にて。〈新上五島町若松郷・昭和42年・提供＝宮田又壽氏〉

▼保育園へ通うよ　現在は閉園となった白菊保育園の園児。〈新上五島町丸尾郷・昭和45年頃・提供＝名切佐年氏〉

▲似合う？　着飾った兄妹が榎津の写真館で記念撮影。〈新上五島町丸尾郷・昭和44年・提供＝名切佐年氏〉

▶七五三　二人とも着物に身を包んで近所の神社へ。女の子は笑顔で、男の子は凛々しく口を真一文字に結ぶ。〈新上五島町・昭和33年・提供＝神德妙子氏〉

▲登れるかな　好天に恵まれたこの日、お花見へ。子どもたちはカメラを向けられ、おどけて桜の木に登ろうとしている。〈新上五島町奈良尾郷・昭和 33 年・提供＝神德孝子氏〉

▶お遊戯会　奈良尾第二保育園の遊戯会のようす。演し物は「かわいい魚屋さん」。半纏を着た可愛らしい園児が魚屋さんを演じる。〈新上五島町奈良尾郷・昭和 34 年・提供＝神德孝子氏〉

▲ママにちゅっ　奈良尾の親子の微笑ましい姿。〈新上五島町・昭和 34 年頃・提供 = 神德妙子氏〉

▶六社神社大祭にて
高砂人形に扮して祭りに参加した子どもたち。ひとりは箒、もうひとりは熊手を手にしている。〈小値賀町・昭和 32 年・提供 = 田中佳代氏〉

フォトコラム　島からの旅立ち

昭和三十年代、四十年代の高度経済成長期には、大都会への人口集中化が起こり、若年労働者の雇用が高まり、中学校を卒業した子どもたちが職安や縁故を通じて、集団就職して本土に渡って行ったのであるが、その詳細は不明であった。

今回、富江中学校の山上福範校長より残存する当時の記録を頂き、それを基にして当時の子どもたちの島からの旅立ちの様子を記してみたいと思う。

昭和四十年は男子（四十七人）女子（七十三人）計百二十人、その内の（六人）が就職進学となっている。四十一年は男子（五十九人）女子（八十人）計百三十九人の内、就職進学は（十七人）である。

続く四十七年は男子（五十四人）女子（四十六人）計百人の内、就職進学は（十人）である。

四十八年は男子（四十四人）女子（五十二人）計九十六人で内、就職進学（二十七人）となっている。

就職地域は、男女とも関西、中部方面であるが、中でも愛知県がダントツであり、次いで大阪府となっている。

職種は、男子は機械工、大工、船員、その他で、女子は織物、看護婦、店員ほか、となっているが大方は、織物関係が多い。

注目すべきは、就職兼進学者がいたことである。仕事と学業に励みながら、胸に抱いた目標に向かって、日々努力を続けたに違いないと思う。

長崎通いの汽船、楓《かえで》丸や、柏《かしわ》丸、四十八年に就航した五島フェリーに乗り、百キロの海を渡り、島からの旅立ちをして行った若者たちは、日本の世界に誇る経済発展の礎を築くまさに金の卵であったと思う。

（松崎律子）

▲別れのテープ　島を去る人を見送る。船上から紙テープを投げ、島側の人が端を持ち切れるだけ持ち、船の姿が見えなくなるまで見送った。〈五島市・昭和 43 年・提供 = 平野洋三氏〉

▲船からの眺め　次第に離れていく故郷を船から眺める。岸壁には見送りに来た島民が多く集まり、次第に離れていく船へ手を振り、別れを惜しんだ。〈五島市・昭和37年・提供＝平山義郎氏〉

▶故郷に想いを残して　進学や就職などで故郷を離れる人びとが船上から手を振り、別れを告げる。〈五島市・昭和30年代・提供＝九州商船株式会社〉

▲別れの桟橋　旧奈良尾港にて。見送る人のなかには笑顔も見える。左の船は第 81 大漁丸。〈新上五島町奈良尾郷・昭和 38 年・提供＝柴田望氏〉

◀春の見送り風景　小値賀港の旧桟橋にて。〈小値賀町笛吹郷・昭和 39 年・提供＝尼崎長文氏〉

▶臨時便「潮路丸」で集団就職の中学卒業生　高度成長期のさなか、福江島から毎年1,500人の中学卒業生が「金の卵」と称され大阪や一宮（愛知県）、京浜工業地帯に向け、五島を後にした。1クラス50人の当時、およそ半数は集団就職していた。〈五島市東浜町・昭和46年・撮影＝的野圭志氏〉

◀級友との別れ　大学受験に出発する級友をテープを握り合い、激励する。〈五島市東浜町・昭和56年・提供＝片山圭弘氏〉

▶五色のテープに涙ぐむ集団就職の中学卒業生　見送りの親や兄妹、恩師や友の顔に「蛍の光」が流れると涙が止まらない。福江港を出て翁頭山や鬼岳が次第に遠のく。臨時便が栄螺島沖で面舵を切ると故郷の島は見えず涙も収まる。〈五島市東浜町・昭和32年・撮影＝的野圭志氏〉

写真取材を終えて

福江島、奈留島、中通島、若松島、小値賀島、宇久島など、平成三十一年二月から令和元年五月にかけて、『五島列島の昭和』の写真取材を行った。応募のあった方々のご自宅や施設を訪問し、一枚一枚、懐かしい思い出のつまった写真を拝見。写真にまつわる逸話をお聞きしながら、注意深く複写撮影をさせていただいた。

そこに写されていたものは、戦前や戦中の日々の暮らしぶりがうかがえる貴重な情景から、戦後の時代の島の熱気と勢いを感じさせるものまで、島の魅力いっぱいのものばかりだった。港にひしめく船や漁船団。明るく弾ける島民の笑顔。島の桟橋で繰り返される出会いと別れ。家族所有のアルバムから厳選された内容は、既存の歴史写真集とは一線を画し、五島列島の昭和の貴重な庶民史であり家族史でもあった。

またあらためて驚かされたのは、個々の島の歴史に由来する芸術、文化度の高さを物語る写真群の存在だった。かつてそれぞれの島に公会堂や大きな劇場があり、映画や歌舞伎や芝居などが上演され、毎年のように島内文化祭が開催されたと聞く。郷土特有の祭りや行事もしかり。そこに参加する人々の表情豊かな顔、顔、顔。まさに昭和時代の五島列島は活気と魅力に満ちあふれていたのである。

近年長崎県の島は人口減少により衰退し、活気が失われつつあるといわれる。

しかし明るい材料もある。平成三十年には「長崎と天草地方の潜伏キリシタン関連遺産」の世界文化遺産登録が決まり、行政や若い世代を中心にさまざまな観光客誘致イベントがはじまって、新たな交流人口と島の魅力を創出する起爆剤となっている。観光関連企業は、前年を大きく上回る好調な数字を維持していると関係者に聞いた。五島列島の取材を担当した人間としては、自分のことのように嬉しい情報であった。

最後になりましたが、取材に快くご協力いただいたみなさまと貴重な写真をご提供いただいたみなさまに、心中より厚くお礼を申し上げます。ありがとうございました。

二〇一九年九月

樹林舎

協力者および資料提供者

（敬称略・順不同）

尼崎長文　中ノ瀬ルイ子　青方小学校
編田利一郎　灰谷甚一　植木商店
洗川広幸　畠中茂雄　新上五島町教育委員会
今村　豊　浜崎　稔　新上五島町鯨賓館ミュージアム
浦　秀夫　馬場武典　横山文具店
魚屋優子　長谷川幸夫　佐世保市企画部宇久行政センター
植木良尚　鼻崎貴広　讃岐屋
浦道陽子　平野洋三　九州商船株式会社
大岩保雄　平山義郎　民宿鷺美屋
大林道子　古本七朗　五島文化協会
尾崎善啓　深尾裕之　五島観光歴史資料館
河原幸也　福井康弘　五島小串簡易郵便局
片山圭弘　的野元昭　五島市教育委員会
清島康平　松井幸子　活版印刷所晋弘舎印刷所
柴田　望　前田賢實　東洋ネオン
神德孝子　増田忠彦
神德妙子　宮田又壽
田中佳代　宮崎吉男
田中熊男　山口　潔
筑田俊夫　山口道隆
津田　稔　山田康博
坪井隆治　山田長好
徳永勝則　吉元俊二郎
戸田徳重　吉田由紀子
中村九永　若田耕平
名切佐年　渡留太郎

＊このほか多くの方々から資料提供やご教示をいただきました。謹んで御礼申し上げます。

おもな参考文献

（順不同）

『奈良尾町郷土史』（奈良尾町郷土史編纂委員会・昭和四十八年）
『五島民俗圖誌』（橋浦泰雄・昭和四十九年）
『若松町誌』（若松町教育委員会・昭和五十五年）
『新魚目町郷土誌』（新魚目町・昭和六十一年）
『五島大板部洞窟の調査　縄文時代の水中貝塚』（大板部洞窟調査団・昭和六十一年）
『角川日本地名大辞典（42）長崎県』（「角川日本地名大辞典」編纂委員会・昭和六十二年）
『長崎の教会　キリシタンの里を訪ねて』（カトリック長崎大司教区司牧企画室・平成元年）
『五島要覧』（長崎県五島支所・平成三年）
『有川町郷土誌』（有川町郷土誌編集・編纂委員会・平成六年）
『福江市史　上下巻』（福江市史編集委員会・平成七年）
『甦る五島の風土』（的野圭志・平成七年）
『玉之浦町郷土誌』（玉之浦町・平成七年）
『福江市の文化財』（福江市教育委員会・平成十二年）
『福岡の底曳網漁業』（日本遠洋底曳網漁業協会福岡支部・平成十三年）
『石田城　創立１００周年記念誌』（長崎県立五島高等学校・平成十三年）
『富江町郷土誌』（富江町郷土誌編纂委員会・平成十六年）
『奈留町郷土誌』（奈留町郷土誌編纂委員会・平成十六年）
『上五島町郷土誌』（上五島町・平成十六年）
『知っておきたいちょっと変わった五島雑学事典』（永冶克行・平成十八年）
『五島列島をゆく』（尾崎朝二・平成十九年）
『五島に暮らす～戦中戦後・汗の記録』（五島文化協会・平成二十三年）
『西果ての島から』（松崎律子・平成二十四年）
『潮鳴り遥か』（内海紀雄・平成二十六年）
『終戦の五島を記録する～五島の海軍施設と米軍の来攻～』（五島文化協会・平成三十年）

＊このほかに各自治体の要覧や広報誌、新聞記事、住宅地図、ウェブサイトなどを参考にしました。

写真取材
小川内清孝
取材協力
福井康弘
柴田　望
浜崎　稔
中村九永
編集・制作
山田恭幹
販売企画
水野真吾

写真アルバム　**五島列島の昭和**

2019年9月26日　初版発行
発 行 者　山田恭幹
発 行 所　樹林舎
〒468-0052　名古屋市天白区井口1-1504-102
TEL: 052-801-3144　FAX: 052-801-3148
http://www.jurinsha.com/
発 売 元　長崎県教科書株式会社
印刷製本　今井印刷株式会社

ISBN978-4-908436-39-0 C0021
＊定価はカバーに表示してあります。
＊乱丁・落丁本はお取り替えいたします。